2024年度版

金融業務**2**級

事業承継
・**M&A**コース

試験問題集

一般社団法人 金融財政事情研究会

◇ は じ め に ◇

　本書は、金融業務能力検定「金融業務2級　事業承継・M＆Aコース」試験受験者の学習の利便を図るためにまとめた試験問題集です。

　近年、中堅・中小企業では、経営者の高齢化が進むなか、後継者をどのように確保し、事業を円滑に承継していくかが大きな課題となっています。金融機関や公認会計士・税理士等にとって、経営者とともに考え、寄り添い、最善の道を探っていくことは、経営者からの信頼を得るために必須のコンサルティング業務といえます。

　中堅・中小企業の課題は、とりもなおさず地域経済・日本経済の課題にほかなりません。中堅・中小企業の経営者の信頼を得て事業承継を適切かつ円滑に進め、地域経済・日本経済の持続的発展および成長を図るために、金融機関等のコンサルティング機能の強化および発揮が、いま強く求められています。

　「金融業務2級　事業承継・M＆Aコース」試験は、こうしたコンサルティング業務に求められる、中堅・中小企業の事業承継をめぐる基本的な知識の検証を図るとともに、近年、特に増えつつある中小企業M＆Aについての理解度を測ることを目的に実施されます。

　本書は、同試験の目的に則し、事業承継に関する基本的な知識や中小企業のM＆Aにおいて押さえておくべき基本事項を中心に構成しています。試験の出題範囲をすべて網羅しているわけではありませんが、試験で問われるであろう実務に必要な基礎知識を整理して掲載しています。

　本書を有効に活用して「金融業務2級　事業承継・M＆Aコース」試験に合格され、皆様が「事業承継・M＆Aエキスパート」認定者として活躍されることを期待しています。

2024年5月

一般社団法人　金融財政事情研究会

検定センター

◇◇目　次◇◇

第2章　事業承継関連法制等

第3章　M＆A基礎知識・関連会計

第5章　事業承継・M＆Aコンサルティング（総合問題）

〔企画協力：一般社団法人　M&A仲介協会〕

「金融業務2級　事業承継・M&Aコース」試験概要

　中小企業における事業承継・M＆Aの会計・税務・法務等の知識の習得度を検証します。

■受験日・受験予約	通年実施。受験者ご自身が予約した日時・テストセンター（https://cbt-s.com/testcenter/）で受験していただきます。 受験予約は受験希望日の3日前まで可能ですが、テストセンターにより予約可能な状況は異なります。
■試験の対象者	金融機関の渉外・融資担当者、公認会計士・税理士等 ※受験資格は特にありません
■試験の範囲	1．事業承継関連税制等　2．事業承継関連法制等 3．M＆A基礎知識・関連会計 4．M＆A関連法制等　5．総合問題
■試験時間	120分　試験開始前に操作方法等の案内があります。
■出題形式	四答択一式30問、総合問題10題
■合格基準	100点満点で70点以上
■受験手数料（税込）	7,700円
■法令基準日	問題文に特に指示のない限り、2024年7月1日現在施行の法令等に基づくものとします。
■合格発表	試験終了後、その場で合否に係るスコアレポートが手交されます。合格者は、試験日の翌日以降、「事業承継・M&Aエキスパート」の認定証をマイページからPDF形式で出力できます。
■持込み品	携帯電話、筆記用具、計算機、参考書および六法等を含め、自席（パソコンブース）への私物の持込みは認められていません。テストセンターに設置されている鍵付きのロッカー等に保管していただきます。メモ用紙・筆記用具はテストセンターで貸し出されます。計算問題については、試験画面上に表示される電卓を利用することができます。
■受験教材等	・本書 ・通信教育講座「事業承継入門講座」

| ■受験申込の変更・キャンセル | 受験申込の変更・キャンセルは、受験日の3日前までマイページより行うことができます。受験日の2日前からは、受験申込の変更・キャンセルはいっさいできません。 |
| ■受験可能期間 | 受験可能期間は、受験日の3日後から当初受験申込日の1年後までとなります。受験可能期間中に受験（またはキャンセル）しないと、欠席となります。 |

※金融業務能力検定・サステナビリティ検定の最新情報は、一般社団法人金融財政事情研究会のWebサイト（https://www.kinzai.or.jp/kentei/news-kentei）でご確認ください。

---〈凡例〉---
・中小企業における経営の承継の円滑化に関する法律…経営承継円滑化法
・私的独占の禁止及び公正取引の確保に関する法律…独占禁止法
・会社法の施行に伴う関係法律の整備等に関する法律…整備法
・会社分割に伴う労働契約の承継等に関する法律…労働契約承継法
・法務局における遺言書の保管等に関する法律…遺言書保管法

---〈法令基準日〉---
　本書は、問題文に特に指示のない限り、2024年7月1日（基準日）現在施行の法令等に基づいて編集しています。

本書に訂正等がある場合には、下記ウェブサイトに掲載いたします。
https://www.kinzai.jp/seigo/

◇CBT試験とは◇
　CBT（Computer-Based Testing）とは、コンピュータを使用して実施する試験の総称で、パソコンに表示された試験問題にマウスやキーボードを使って解答します。金融業務能力検定は、一般社団法人金融財政事情研究会が、株式会社シー・ビー・ティ・ソリューションズの試験システムを利用して実施する試験です。CBTは、受験日時・テストセンター（受験会場）を受験者自らが指定できるとともに、試験終了後、その場で試験結果（合否）を知ることができるなどの特長があります。

第1章

事業承継関連税制等

1−1　事業承継ガイドライン

《問》「事業承継ガイドライン［第3版］（2022年3月改訂）」（以下、「本ガイドライン」という）に関する次の記述のうち、最も適切なものはどれか。

1）本ガイドラインによれば、社外への引継ぎ（M＆A）を行う際の譲渡企業側の留意点として、譲受企業および支援機関との信頼関係を築いたうえで、譲受企業側の意向に誠実に対応することが、M＆A手続を円滑に進めるために必要であることを理解するべきとしている。

2）本ガイドラインによれば、社外への引継ぎ（M＆A）を行う際の譲渡企業側の留意点として、関係者へM＆Aの事実を知らせる時期や内容に十分注意する必要があるとしている。極秘に幹部役員等のごく一部の関係者に限り前もって知らせることがあったとしても、従業員等に対しては、基本合意締結後に知らせるべきとしている。

3）本ガイドラインによれば、従業員の雇用確保や地域のサプライチェーンを維持する観点から、M＆Aを早期に実現しようとするべきではなく、支援機関に相談をしながら中長期的に検討すべきとしている。

4）本ガイドラインによれば、M＆A成立後いかに経営統合（PMI）を円滑に進めるかは譲受企業におけるM＆A後の課題であり、M＆Aの実行段階においては、その実行を最終目的とするべきである。

・解説と解答・

1）適切である（「事業承継ガイドライン（2022年3月改訂）」）。

2）不適切である。社外への引継ぎ（M＆A）を行う際の譲渡企業側の留意点として、M＆Aに関する手続きの全般にわたり、秘密を厳守し情報漏洩を防ぐことが極めて重要であり、外部はもちろん、親戚や友人、社内の役員・従業員に対しても、知らせる時期や内容には十分注意する必要があるとしている。M＆Aの最終契約締結前に、極秘に親族や幹部役員等のごく一部の関係者にのみ知らせることはあるが、それ以外の関係者に対しては、原則として可能な限りクロージング後（早くとも最終契約締結後）に知らせるべきとしている（「事業承継ガイドライン（2022年3月改訂）」）。

3）不適切である。M＆Aをより早期に検討し実現することにより、従業員の雇用を確保し地域のサプライチェーンを維持することが可能となり、譲渡企業側の経営者自身にとっても手元に残る代金（譲渡対価）の金額が多くなる可能性がある。一般に、譲渡企業とのマッチングには数カ月から1年程度の時間を要することが見込まれるため、早期に判断して動き出すことが重要である（「事業承継ガイドライン（2022年3月改訂)」）。

4）不適切である。M＆Aにおいては、その実行を最終目的とするのではなく、その後、いかに経営統合（PMI）を円滑に進め、事業の継続性を確保し、M＆Aにより得られる相乗効果を最大化できるか等といった視点が重要とされる（「事業承継ガイドライン（2022年3月改訂)」）。

<u>正解　1）</u>

1−2 企業のライフサイクルと金融機関のかかわり

《問》企業のライフサイクルと金融機関のかかわりに関する次の記述のうち、最も不適切なものはどれか。

1) 金融機関は、企業の設立前に資本金を預かるところからかかわるため、一般に、企業の設立時点からその企業を担当する金融機関の法人営業担当者が決められる。

2) 金融機関は、成長期にある企業に対して、販売先や人材を紹介したり、運転資金や設備資金などの資金調達の仕組みや資金決済の仕組みを提案するなどして企業のさらなる成長をサポートする。

3) 承継期にある企業の経営者に対して、金融機関の法人営業担当者から事業承継の話題を投げかけ、経営者の相談に応じることができれば、今後の取引拡大につながる可能性がある。

4) 中小企業の事業承継をビジネスチャンスとのみ捉え、過度に金融取引につなげようとする姿勢は、事業承継を歪めたものにしてしまうおそれがある。

・解説と解答・

1) 不適切である。企業の設立時点から金融機関の法人営業担当者がついていることは稀であり、融資取引等の案件が発生するタイミングで、金融機関の法人営業担当者がつくことが一般的である。

2) 適切である。

3) 適切である。

4) 適切である。

<u>正解　1)</u>

1－3　中小M＆Aガイドライン

《問》中小M＆Aガイドライン［第2版］（2023年9月）（以下、「本ガイドライン」という）に関する次の記述のうち、最も不適切なものはどれか。なお、「中小M＆A」とは、本ガイドラインにおいて、後継者不在の中小企業の事業を、M＆Aの手法により、社外の第三者である後継者が引き継ぐことをいう。

1）本ガイドラインによれば、中小M＆Aにおいて、買手企業が金融機関からの融資により譲渡対価相当額の資金を調達する場合、金融機関は、買手企業のニーズやM＆A実行後の事業見通し等を十分に踏まえたうえで、融資を検討することが求められている。

2）本ガイドラインによれば、中小M＆Aに係る支援業務を行う金融機関は、売手企業および買手企業それぞれが特定されないよう開示する情報の内容をよく吟味するなど、情報管理を徹底することが求められている。

3）本ガイドラインによれば、返済条件の緩和や債務減免が行われている融資取引先が中小M＆Aによる事業の引継ぎを希望する場合、金融機関は、有利な条件で債権回収を行うことができるよう、早期にM＆Aを実行することが求められている。

4）中小M＆A支援に係る業務を行うにあたり、全国48カ所の事業承継・引継ぎ支援センターと同センターの登録機関は、本ガイドラインの遵守が義務付けられているが、それ以外の中小M＆A支援に関わる機関は、その内容の遵守が求められているにとどまる。

・解説と解答・

　中小企業庁は、M＆Aに関する意識、知識、経験がない後継者不在の中小企業の経営者の背中を押し、M＆Aを適切なかたちで進めるための手引きを示すとともに、これを支援する関係者が、それぞれの特色や能力に応じて中小企業のM＆Aをサポートするための基本的な事項を併せて示すため、事業引継ぎガイドラインを改訂するかたちで「中小M＆Aガイドライン」を策定した。本ガイドラインは、第1章（後継者不在の中小企業向けの手引き）と第2章（支援機関向けの基本事項）から構成されている。

1）適切である。なお、金融機関は、中小M＆A実行後においても、経営上の

助言等を行うなど、取引先である買手企業の企業価値および事業価値の向上を図るべく支援することが求められている（「中小M＆Aガイドライン」第2章Ⅲ－2⑶）。

2）適切である。特に、地方の金融機関においては、取引先同士が顔見知りであることが多く、企業名を伏せて情報を開示したとしても、売手企業・買手企業それぞれが特定できてしまう可能性が高い。そのため、開示情報の内容をよく吟味するとともに、早い段階で秘密保持契約を締結するなど、情報管理を徹底することが求められている（「中小M＆Aガイドライン」第2章Ⅲ－3⑵）。

3）不適切である。返済条件の緩和や債務減免が行われているなど、事業再生局面にある取引先が中小M＆Aによる事業の引継ぎを希望する場合、金融機関は、自らにとって有利な条件での債権回収を行うべく早期の中小M＆Aの実行を促すといったことがないよう、取引先の意向を汲みながら、当該取引先の真意に即した中小M＆A支援を行うことが求められている（「中小M＆Aガイドライン」第2章Ⅲ－3⑶）。

4）適切である（経済産業省「「中小M＆Aガイドライン」を策定しました」）。

正解　3）

1−4　事業承継を阻害する要因と対処方法

《問》事業承継を阻害する要因と対処方法に関する次の記述のうち、最も不適切なものはどれか。

1）共同経営者が自社株を半数近く保有している場合は、共同経営者の処遇に配慮しつつ、後継者への承継がスムーズになされるよう注意する必要がある。

2）安定的な事業の承継には安定的な自社株の承継が必要であることから、たとえば、事業の後継者とは関係のない先へ嫁いだ経営者の娘には、自社株の代わりに別の財産を分与するなどの配慮が必要となる。

3）中小企業の事業承継では、後継者の選定や育成を中心に考えるべきであり、自社株の移転に備えた納税資金準備についてはそれほど重視する必要はない。

4）中小企業が金融機関から借入れをするに際して、前経営者が個人保証や担保提供をしている場合は、「経営者保証に関するガイドライン」に基づき、後継者および前経営者の負担が大きくならないよう対策を講じるべきである。

・解説と解答・

1）適切である。

2）適切である。

3）不適切である。財務内容の良い会社の自社株を相続、生前贈与、譲渡などで移転すると、相続税、贈与税、譲渡所得税などが多額になることがあるため、事業承継に備えた納税資金準備は重要である。

4）適切である。なお、2019年12月に事業承継時に焦点を当てた「経営者保証に関するガイドライン」の特則が策定され、主たる債務者、保証人および対象債権者のそれぞれに対して、事業承継に際して求め、期待される具体的な取り扱いを定めている。

正解　3）

1－5 民法の規定（相続人の範囲と順位）

> 《問》民法における相続人の範囲と順位に関する次の記述のうち、最も適
> 切なものはどれか。
> 1）被相続人に、子および配偶者がおらず、父母と兄弟姉妹がいる場合
> には、父母と兄弟姉妹が相続人となる。
> 2）被相続人の子が相続人の資格を欠いた者である場合、その者の子
> （被相続人の孫）は代襲相続人になることはできない。
> 3）民法において、相続人になることができる養子の数は、被相続人に
> 実子がいる場合には1人、実子がいない場合には2人までに制限さ
> れている。
> 4）被相続人の配偶者（内縁の妻は除く）は常に相続人となるが、配偶
> 者以外の相続人の間では、「子→直系尊属→兄弟姉妹」の順で相続
> 順位が定められている。

●解説と解答●

1）不適切である。被相続人に子および配偶者がおらず、父母と兄弟姉妹がい
　る場合には、父母のみが相続人となる（民法889条）。
2）不適切である。被相続人の子が相続人の資格を欠いた者である場合、その
　者の子（被相続人の孫）が代襲相続人になる（民法887条2項、891条）。
3）不適切である。民法上、相続人になることができる養子の数に制限はな
　い。
4）適切である（民法887条、889条、890条）。

正解　4）

1－6　民法の規定（相続人の範囲と順位・相続分）

《問》民法における相続人等に関する次の記述のうち、最も不適切なもの
はどれか。

1）被相続人の申立てにより推定相続人から廃除された者に子がいた場
合、その子（被相続人の孫）には代襲相続が認められる。

2）相続人の順位について、実子は養子に、嫡出子は非嫡出子に優先す
る。

3）兄弟姉妹には代襲相続が認められているが、兄弟姉妹を代襲して相
続人となる者は、兄弟姉妹の子（被相続人の甥、姪）に限られる。

4）配偶者は常に相続人となるが、内縁の配偶者には相続権は認められ
ていない。

・解説と解答・

1）適切である。被相続人の子が、相続の開始以前に死亡したとき、または欠
格事由に該当し、もしくは廃除によって相続権を失ったときは、その者の
子（被相続人の孫）が代襲して相続人となる（民法887条2項、891条）。

2）不適切である。相続人の順位に、実子と養子、嫡出子と非嫡出子による差
はない。

3）適切である（民法887条2項、889条2項）。

4）適切である（民法890条）。

正解　2）

1−7　民法の規定（相続人および法定相続分）

《問》相続人および法定相続分に関する次の記述のうち、最も不適切なものはどれか。

1）相続人が被相続人の配偶者、兄および姉の3人である場合、法定相続分は配偶者が4分の3、兄と姉はそれぞれ8分の1である。

2）相続人が被相続人の配偶者、父および母の3人である場合、法定相続分は配偶者が4分の3、父と母はそれぞれ8分の1である。

3）相続人が被相続人の配偶者、長男、長女および二女の4人である場合、法定相続分は配偶者が2分の1、長男、長女および二女はそれぞれ6分の1となる。

4）代襲相続人の相続分については、本来相続人となるはずの人の相続分と同じである。

・解説と解答・

1）適切である（民法900条3号、4号）。

2）不適切である。相続人が被相続人の配偶者、父および母の3人である場合、法定相続分は配偶者が3分の2、父と母はそれぞれ6分の1である（民法900条2号、4号）。

3）適切である（民法900条1号、4号）。

4）適切である（民法901条）。

<u>正解　2）</u>

1－8　民法の規定（遺産の分割①）

> 《問》遺産分割に関する次の記述のうち、最も不適切なものはどれか。
>
> 1）遺産分割協議が調わない場合、家庭裁判所に対して調停の申立てを行うことができる。
> 2）遺産分割は、相続人が相続の開始があったことを知った時から3カ月以内に行わなければならない。
> 3）遺産分割協議は、共同相続人全員の合意が必要であり、戸籍上判明している一部の相続人を除外して行った遺産分割協議は無効とされる。
> 4）遺産分割協議書は、相続人全員が署名・捺印することになるが、相続人全員が一堂に会して作成する必要はない。

・解説と解答・

1）適切である（民法907条2項）。
2）不適切である。遺産分割には、特に期限は定められていない。
3）適切である。共同相続人は、遺言で禁じられている場合を除き、いつでも協議により遺言の分割をすることができる。家庭裁判所への届出や遺産分割協議書の作成がなくても、相続人全員が合意すれば成立する（民法907条1項）。
4）適切である。

正解　2）

1－9　民法の規定（遺産の分割②）

> 《問》遺産分割に関する次の記述のうち、最も不適切なものはどれか。
> 1）指定分割とは、被相続人の遺言による相続分の指定や分割方法の指定に基づき分割する方法であるが、遺産の一部についてだけの指定があった場合、その指定は無効となる。
> 2）現物分割とは、個別特定財産の形状や性質を変更することなくその取得者を決定する、または個々の財産を分割することにより、相続財産を分割する方法である。
> 3）換価分割とは、相続財産の全部または一部を処分して、その処分代金を共同相続人間で分割する分割方法である。
> 4）代償分割とは、共同相続人のうち特定の者が相続財産を取得し、その者が、その代償としてほかの共同相続人に対して金銭などの自己の固有財産を支払う方法であるが、ほかの共同相続人が代償分割によって取得した代償財産には相続税が課される。

・解説と解答・

1）不適切である。遺言による遺産分割方法の指定は、遺産の全部はもちろん、遺産の一部についてだけ行うこともできる（民法908条）。
2）適切である。
3）適切である。
4）適切である。

正解　1）

1－10　民法の規定（相続の承認と放棄）

《問》相続の承認と放棄に関する次の記述のうち、最も不適切なものはどれか。

1）相続人が、自己のために相続の開始があったことを知った時から3カ月以内に限定承認または相続の放棄をしなかった場合、当該相続人は、単純承認したものとみなされる。

2）相続人が複数人いる場合、限定承認は相続を放棄した者を除く相続人全員が共同で行わなければならないが、相続の放棄は各相続人が単独で行うことができる。

3）相続人が相続の放棄をする場合、自己のために相続の開始があったことを知った時から4カ月以内に、相続を放棄する旨を家庭裁判所に申述しなければならない。

4）相続の単純承認、限定承認および放棄は、いずれも被相続人の生前に行うことはできない。

・解説と解答・

1）適切である（民法915条1項、921条2号）。

2）適切である（民法923条、938条）。

3）不適切である。相続の放棄をするためには、相続の開始があったことを知った時から3カ月以内に、相続を放棄する旨を家庭裁判所に申述しなければならない（民法915条1項、938条）。

4）適切である。

正解　3）

1-11　相続と税金（相続税が課される財産①）

《問》相続と税金に関する次の記述のうち、最も不適切なものはどれか。

1）保険契約者（＝保険料負担者）および死亡保険金受取人が子、被保険者が父である生命保険契約において、父の死亡により子が受け取る死亡保険金は、所得税の課税対象となる。

2）保険契約者（＝保険料負担者）および被保険者が父、死亡保険金受取人が子である生命保険契約において、相続を放棄した子が受け取った死亡保険金は、その全額がみなし相続財産として相続税の課税対象となる。

3）保険契約者（＝保険料負担者）が父、被保険者が母、死亡保険金受取人が子である生命保険契約において、母の死亡により子が受け取る死亡保険金は、相続税の課税対象となる。

4）相続税の課税対象となる死亡保険金のうち、相続人が受け取る死亡保険金は「500万円×法定相続人の数」の額が非課税となる。

・解説と解答・

1）適切である（タックスアンサーNo.1750）。

2）適切である。相続を放棄した者が死亡保険金を受け取った場合、遺贈により取得したとみなされ、みなし相続財産として相続税の課税対象となる（タックスアンサーNo.1750）。なお、この場合は「500万円×法定相続人の数」により算出される死亡保険金の非課税金額は適用することはできない（同No.4114）。

3）不適切である。本肢の場合は、贈与税の課税対象となる。たとえば、保険契約者（＝保険料負担者）および被保険者が夫、死亡保険金受取人が妻である生命保険契約においては、妻の受け取る死亡保険金は相続税の課税対象となる（タックスアンサーNo.1750）。

4）適切である（タックスアンサーNo.4114）。

<u>正解　3）</u>

1-12　相続と税金（相続税が課される財産②）

《問》相続と税金に関する次の記述のうち、最も適切なものはどれか。
1）被相続人が生前に退職し、退職金の支給が確定する前に死亡した場合、死亡後3年以内に支給が確定すれば、遺族に支給される退職金は、みなし相続財産として相続税の課税対象となる。
2）被相続人から相続または遺贈によって財産を取得した者が、相続開始前3年以内にその被相続人から贈与により取得した財産の価額は、相続時の評価額により相続税の課税価格に加算される。
3）相続または遺贈によって取得した財産のうち、相続税の申告書の提出期限までに国に寄附したものは相続税の課税対象とならないが、公益を目的とする事業を行う特定の法人に寄附したものは相続税の課税対象となる。
4）被相続人が業務外の事由により死亡した場合に、相続人が被相続人の勤務先から受け取った弔慰金については、被相続人の死亡当時の普通給与の3年分に相当する額までは相続税の課税対象とならない。

・解説と解答・

1）適切である（相続税法3条1項2号）。
2）不適切である。被相続人から相続または遺贈によって財産を取得した者が、相続開始前3年以内にその被相続人から贈与により取得した財産の価額は、贈与により取得した時の時価により相続税の課税価格に加算される（相続税法19条1項、タックスアンサーNo.4161）。なお、2024年1月1日以後の贈与により取得した財産のうち、相続開始前7年以内のものは相続財産に含められることになる。
3）不適切である。相続や遺贈によって取得した財産で相続税の申告期限までに国または地方公共団体や公益を目的とする事業を行う特定の法人に寄附したものは、相続税の課税対象とならない（タックスアンサーNo.4108）。
4）不適切である。相続人が受け取る弔慰金については、業務外の事由による死亡の場合は、被相続人の死亡当時の普通給与の半年分に相当する額までは相続税の課税対象とならない（タックスアンサーNo.4120）。

正解　1）

1－13　相続と税金（相続税が課される財産③）

《問》相続税の課税財産等に関する次の記述のうち、最も不適切なものは
どれか。
1) 父が保険契約者（＝保険料負担者）および死亡保険金受取人、子が
被保険者である生命保険契約において、父が死亡した場合、死亡時
における解約返戻金相当額が生命保険契約に関する権利として相続
税の課税対象となる。
2) 母が保険契約者（＝保険料負担者）および被保険者、子が死亡保険
金受取人である生命保険契約に基づき、母が死亡したことにより子
が受け取った死亡保険金は、みなし相続財産として相続税の課税対
象となる。
3) 被相続人が生前に勤務していた会社から支払われた死亡退職金で、
被相続人の死亡後3年以内に支給が確定した死亡退職金は、相続税
の課税対象となる。
4) 相続開始前3年以内に被相続人から財産の贈与を受け、暦年課税を
選択していた者が、被相続人から相続または遺贈により財産を取得
していない場合であっても、当該贈与財産は相続税の課税対象とな
る。

・解説と解答・

1) 適切である（相続税法基本通達3－36、財産評価基本通達214）。
2) 適切である（相続税法3条1項1号）。
3) 適切である（相続税法3条1項2号）。
4) 不適切である。相続開始前3年以内に被相続人から受けた贈与財産であっ
ても、被相続人から相続または遺贈により財産を取得していない者が受贈
者の場合は、当該贈与財産は相続税の課税対象とならない（相続税法19
条）。なお、2024年1月1日以降、相続財産に加算する生前贈与の期間は
3年から7年に延長される。

正解　4)

1－14　相続と税金（債務控除）

《問》相続税の債務控除に関する次の記述のうち、最も適切なものはどれ
か。
1）弁護士に支払った遺言執行費用や税理士に支払った相続税の申告手
続の費用は、債務控除の対象となる。
2）被相続人が負っていた保証債務は、すべて債務控除の対象となる。
3）香典返戻費用（いわゆる香典返し）は、債務控除の対象となる。
4）相続開始後に相続人が納付した被相続人に係る所得税額は、債務控
除の対象となる。

・解説と解答・

1）不適切である。遺言執行費用や相続税の申告手続の費用など、相続後に発
生する費用は、債務控除の対象とはならない。
2）不適切である。保証債務は、保証債務を履行した場合は求償権の行使によ
り補てんされるという性質を有することから、確実な債務とはいえず、原
則として債務控除の対象とはならない。ただし、主たる債務者が弁済不能
の状態にあり、保証人がその債務を履行しなければならない場合で、か
つ、主たる債務者に求償権を行使しても弁済を受ける見込みのない場合
は、その弁済不能部分の金額については債務控除の対象となる（タックス
アンサーNo.4126）。
3）不適切である。香典返戻費用や墓碑および墓地の買入れのためにかかった
費用、墓地を借りるためにかかった費用は、債務控除の対象とはならない
（タックスアンサーNo.4129）。
4）適切である。被相続人に課される税金で、被相続人の死亡後に相続人が納
付または徴収されることになった所得税等の税金については、被相続人が
死亡したときに確定していないものであっても、債務控除の対象となる
（タックスアンサーNo.4126）。

<u>正解　4）</u>

1－15　相続と税金（相続税の申告と納付）

《問》相続税の申告と納付に関する次の記述のうち、最も適切なものはどれか。
 1）小規模宅地等についての相続税の課税価格の計算の特例の適用を受けた結果、遺産総額（課税価格の合計額）が遺産に係る基礎控除額以下となる場合、相続税の申告は不要となる。
 2）相続税の申告期限は、原則として、相続の開始があったことを知った日の翌日から10カ月以内であり、当該相続税の申告書は、原則として、被相続人の死亡時の住所地を管轄する税務署長に提出する。
 3）物納に充てる財産は、相続税の課税価格の計算の基礎となった財産で国内にあるものであれば、その種類を問わない。
 4）相続税は、税額が10万円を超え、必要な担保を提供すれば、いかなる場合であっても最長20年間の延納が認められる。

・解説と解答・

1）不適切である。小規模宅地等についての相続税の課税価格の計算の特例の適用を受けるためには、相続税の申告書等の提出が要件とされているため、相続税の申告は必要となる（租税特別措置法69条の4第1項、7項、相続税法27条）。
2）適切である（相続税法27条1項）。
3）不適切である。物納できる財産は、相続税の課税価格の計算の基礎となった財産で、日本国内にあるもののうち管理処分不適格財産（抵当権付不動産など）以外の物納適格財産に限られる（相続税法41条2項）。なお、財産の生前贈与を受けて相続時精算課税または非上場株式の納税猶予を適用している場合には、それらの適用対象となっている財産を物納の対象とすることはできない（タックスアンサーNo.4214）。
4）不適切である。相続税額が10万円を超え、かつ、納期限までに金銭で一時に納付することが困難な事由がある場合に、納税者の申請により延納（最長20年間）が認められる（タックスアンサーNo.4211）。

正解　2）

1－16　相続と税金（相続税の計算の仕組み）

《問》相続税の申告に関する次の記述のうち、最も不適切なものはどれか。

1）配偶者に対する相続税額の軽減の適用を受けることにより、納付すべき相続税額がゼロとなった場合、相続人は相続税の申告をする必要がある。

2）相続人が被相続人から生前に現金1,000万円の贈与を受け、相続時精算課税を適用し、その後、被相続人の相続時において、被相続人の相続財産が現金2,000万円であった場合、相続人は相続税の申告をする必要はない。

3）小規模宅地等についての相続税の課税価格の計算の特例の適用を受けることにより、納付すべき相続税額がゼロとなった場合、相続人は相続税の申告をする必要がある。

4）相続人が未成年者である場合において、未成年者控除を適用した結果、納付すべき相続税額がゼロとなった場合、当該相続人は相続税の申告をする必要がある。

・解説と解答・

1）適切である（相続税法19条の2第1項、3項、27条）。

2）適切である。相続または遺贈により財産を取得した者は、相続税の課税価格の合計額がその遺産に係る基礎控除額を超える場合において、その者に係る相続税額があるときは相続税の申告をしなければならない（相続税法27条1項）とされ、本肢の場合は、仮に相続人が1人であったとしても、相続税の課税価格の合計額がその遺産に係る基礎控除額（3,000万円＋600万円×1人）を超えないため、相続人は相続税の申告をする必要はない。

3）適切である（租税特別措置法69条の4第1項、7項、相続税法27条）。

4）不適切である。相続または遺贈により財産を取得した者は、相続税の課税価格の合計額がその遺産に係る基礎控除額を超える場合において、未成年者控除の規定を適用後にその者に係る相続税額があるときは、相続税の申告をしなければならない（相続税法19条の3、27条1項）とされ、本肢の場合は、未成年者控除を適用した結果、相続税額がゼロとなるため、相続人は相続税の申告をする必要はない。なお、2022年4月1日以後に相続ま

たは遺贈により取得する財産に係る相続税については、未成年者控除の適用を受けることができる相続人の年齢要件が、18歳未満へと引き下げとなる。

正解　4）

1－17　贈与と税金（贈与税が課される財産）

《問》贈与税が課される財産に関する次の記述のうち、最も不適切なもの
はどれか。

1）法人から個人への贈与については、原則として、個人に対して贈与
　税は課されない。

2）扶養義務者から生活費として贈与を受けた資金のうち、通常必要な
　ものに贈与税は課されないが、それを生活費等に使用せず株式等に
　投資した場合は、贈与税の課税対象となる。

3）個人間で時価に比べて著しく低い価額で財産を譲り受けた場合、そ
　の財産の時価と支払対価との差額は、贈与税の課税対象となる。

4）個人である債務者が、対価を支払わないで個人である債権者から債
　務免除を受けた場合は、その債務者は債務免除に係る金額を債権者
　から贈与により取得したものとみなされ、いかなる場合でも贈与税
　の課税対象となる。

・解説と解答・

1）適切である（相続税法21条の3第1項1号）。

2）適切である。扶養義務者間において生活費または教育費にあてるためにし
　た贈与により取得した財産のうち、通常必要と認められるものについては
　贈与税の課税価格に算入しないとされているが（相続税法21条の3第1項
　2号）、生活費または教育費として取得した財産を預貯金した場合または
　株式の買入代金もしくは家屋の買入代金に充当した場合等は、通常必要と
　認められるもの以外とされ、贈与税の課税対象となる（同法基本通達21の
　3－5）。

3）適切である（相続税法7条）。

4）不適切である。個人である債務者が、対価を支払わないで個人である債権
　者から債務免除を受けた場合は、当該債務免除に係る金額を贈与により取
　得したとみなされる。ただし、当該債務者が資力を喪失して債務を弁済す
　ることが困難である場合に、債務の全部または一部の免除を受けたとき
　は、その贈与により取得したとみなされた金額のうち、その債務を弁済す
　ることが困難である部分の金額については、贈与により取得したとみなさ
　れず、贈与税の課税対象とならない（相続税法8条）。　　　<u>正解　4）</u>

1－18　贈与と税金（相続時精算課税制度①）

《問》相続時精算課税制度に関する次の記述のうち、最も不適切なものは
どれか。
1）相続時精算課税を一度選択した場合は、その対象となる贈与者から
のその後の贈与について、暦年課税に変更することはできない。
2）相続時精算課税により生前贈与できる財産の種類、金額、贈与回数
については、特に制限は設けられていない。
3）相続時精算課税を適用することにより贈与税額がゼロになる場合
は、贈与税の申告書を提出する必要はない。
4）相続時精算課税の適用を受けた場合の贈与税額は、特定贈与者ごと
の贈与税の課税価格から特別控除額（累計で2,500万円）を控除し
た後の残額に、一律20％の税率を乗じて計算する。

・解説と解答・

1）適切である（相続税法21条の9第3項、6項）。なお、2024年1月1日以
後、相続時精算課税制度について、暦年課税の基礎控除とは別途、110万
円の基礎控除が創設される。

2）適切である。

3）不適切である。相続時精算課税の適用を受けるには、贈与税の申告書等の
提出が要件とされている。したがって、たとえ本制度の適用により贈与税
額がゼロになる場合であっても、贈与税の申告書等の提出が必要である
（相続税法21条の9第2項、28条1項）。なお、相続時精算課税の適用を受
けた贈与財産を相続財産に加算して算出した相続税の課税価格の合計額が
遺産に係る基礎控除額以下であるときは、相続税の申告は不要となる（相
続税法21条の15、21条の16、27条）。

4）適切である（相続税法21条の12、21条の13）。なお、相続時精算課税の適
用における受贈者の年齢の判定は、贈与を受けた年の1月1日で行うが、
推定相続人の判定は、贈与の日において行う（相続税法基本通達21の9－
1）。

正解　3）

1-19　贈与と税金（相続時精算課税制度②）

> 《問》相続時精算課税制度に関する次の記述のうち、最も適切なものはどれか。
> 1）相続時精算課税の適用を受けるには、原則として、財産の贈与時点の贈与者の年齢が60歳以上、受贈者の年齢が18歳以上でなければならない。
> 2）祖父母から孫への贈与については、相続時精算課税の適用を受けることができない。
> 3）相続時精算課税の適用を受けた場合、贈与財産の受贈時の価額が相続税の課税価格に加算される。
> 4）父からの贈与について相続時精算課税の適用を受けた子は、母からの贈与についても相続時精算課税の適用を受けなければならない。

・解説と解答・

1）不適切である。相続時精算課税の適用を受ける受贈者および贈与者の年齢は、贈与があった年の1月1日現在で判定する（相続税法21条の9第1項）。なお、2022年4月1日以後に贈与により取得する財産に係る贈与税について相続時精算課税の適用を受ける場合は、その年の1月1日において、受贈者の年齢が18歳以上でなければならない（改正相続税法21条の9第1項、同法附則23条3項）。

2）不適切である。祖父母からの贈与についても相続時精算課税の適用を受けることができる（相続税法21条の9第1項）。

3）適切である（相続税法21条の15第1項、22条）。

4）不適切である。相続時精算課税の適用者は、その対象となる贈与者ごとにその年中において贈与により取得した財産の価額を合計し、それぞれの合計額をもって贈与税の課税価格とする（相続税法21条の10）。また、その対象となる贈与者ごとの贈与税の課税価格から特別控除額を控除する（同法21条の12）。贈与者が複数いる場合には、それぞれについて暦年課税もしくは相続時精算課税の適用を受けることとなる。

正解　3）

1−20　相続税評価（不動産の評価①）

《問》相続税における宅地の評価に関する次の記述のうち、最も適切なものはどれか。

1 ）宅地の価額は、必ずしも登記上の1筆の宅地ごとに評価するのではなく、利用の単位となっている1区画の宅地ごとに評価する。

2 ）路線価方式により宅地を評価する際の正面路線価とは、評価する宅地に接する道路に付されている路線価のうち、一番高い路線価をいう。

3 ）路線価方式によって評価する宅地の奥行きが長大であったり、がけ地を含む宅地等の場合は、原則として各種補正率を用いて計算するが、間口が狭小な宅地の場合は補正率を用いて評価しなくてもよい。

4 ）倍率方式によって評価する宅地は、路線価方式と同様に、宅地の形状等による補正を行い評価する。

・解説と解答・

1 ）適切である（タックスアンサーNo.4603）。

2 ）不適切である。正面路線価とは、評価する宅地に接する道路に付されている路線価のうち、その路線価に奥行価格補正率を乗じた後の価額の比較において一番高い路線価をいう（タックスアンサーNo.4604）。

3 ）不適切である。間口が狭小な宅地である場合は、間口狭小補正率を用いて評価する（タックスアンサーNo.4604）。

4 ）不適切である。倍率方式とは、固定資産税評価額に国税局長が一定の地域ごとにその地域の実情に即するように定める倍率を乗じて評価する方式である。固定資産税評価額には宅地の地積や形状等の個別事情が織込済みであるため、路線価方式のような宅地の形状等による補正は必要ない（財産評価基本通達21、21−2）。

正解　1 ）

1 −21　相続税評価（不動産の評価②）

《問》小規模宅地等についての相続税の課税価格の計算の特例（以下、
「本特例」という）に関する次の記述のうち、最も適切なものはど
れか。
1）被相続人の居住用の宅地を配偶者が相続により取得し、配偶者が相
続税の申告期限前にその宅地を売却した場合、本特例の適用を受け
ることはできない。
2）被相続人が飲食業を営んでいた店舗および敷地をその長男が相続に
より取得し、その事業を承継し相続税の申告期限まで引き続き営ん
でいる場合、最大400m²までの部分について評価額の80％を減額す
ることができる。
3）被相続人の居住用の宅地を被相続人と同居していた長女が相続によ
り取得し、長女が相続税の申告期限前にその宅地を売却した場合、
最大330m²までの部分について評価額の80％を減額することができ
る。
4）被相続人がその相続開始の2年前に事業的規模で営みはじめた賃貸
マンション用の宅地をその長男が相続により取得し、長男がその不
動産貸付業を承継し相続税の申告期限まで引き続き営んでいる場
合、最大400m²までの部分について評価額の50％を減額することが
できる。

・解説と解答・

　小規模宅地等については、相続税の課税価格に算入すべき価額の計算上、次
の表の区分ごとに一定の割合を減額する（タックスアンサーNo.4124）。

相続開始の直前における宅地等の利用区分			要件	限度面積	減額される割合
被相続人等の事業の用に供されていた宅地等	貸付事業以外の事業用の宅地等		特定事業用宅地等に該当する宅地等	400㎡	80%
	貸付事業用の宅地等	一定の法人に貸し付けられ、その法人の事業（貸付事業を除く）用の宅地等	特定同族会社事業用宅地等に該当する宅地等	400㎡	80%
			貸付事業用宅地等に該当する宅地等	200㎡	50%
		一定の法人に貸し付けられ、その法人の貸付事業用の宅地等	貸付事業用宅地等に該当する宅地等	200㎡	50%
		被相続人等の貸付事業用の宅地等	貸付事業用宅地等に該当する宅地等	200㎡	50%
被相続人等の居住の用に供されていた宅地等			特定居住用宅地等に該当する宅地等	330㎡	80%

1）不適切である。居住用の宅地を配偶者が相続により取得した場合は、その後の用途等に関係なく特定居住用宅地等に該当する。なお、特定居住用宅地等に該当する場合、最大330m²までの部分について評価額の80％を減額することができる。

2）適切である。被相続人等の貸付事業以外の事業の用に供されていた宅地等を、被相続人の親族が相続または遺贈により取得し、相続税の申告期限まで引き続き保有し、その宅地等の上で営まれていた被相続人の事業を相続税の申告期限まで引き続き営んだ場合、その宅地等は特定事業用宅地等に該当し、最大400㎡までの部分について評価額の80％を減額することができる。

3）不適切である。居住用宅地等について配偶者以外の同居親族が相続した場合、相続開始の直前から相続税の申告期限まで引き続き居住し、かつ、その宅地等を相続開始時から相続税の申告期限まで保有していることが、本特例の適用を受けるための要件とされている。

4）不適切である。被相続人の事業（不動産貸付業、駐車場業等の貸付事業に限る）の用に供されていた宅地等（その相続の開始前3年以内に新たに貸付事業の用に供された宅地等を除く）を被相続人の親族が相続または遺贈により取得し、相続税の申告期限まで保有し、その宅地等の上で営まれていた被相続人の事業を相続税の申告期限まで引き続き営んだ場合、その宅地等は貸付事業用宅地等に該当し、最大200㎡までの部分について評価額の50％を減額することができる。

正解　2）

1－22　相続税評価（不動産の評価③）

《問》宅地および宅地の上に存する権利（定期借地権を除く）の相続税評価に関する次の記述のうち、最も適切なものはどれか。なお、評価の対象となる宅地は、借地権の取引慣行のある地域にあるものとする。

1）土地所有者がアパートや貸家、オフィスビルなどを建築し、その家屋を賃貸している場合、このアパート等の敷地は「貸家建付地」として評価する。
2）貸宅地（借地権の目的となっている宅地）の相続税評価額は、「自用地価額×借地権割合」により算出する。
3）借地権（定期借地権を除く）の相続税評価額は、「固定資産税評価額×（1－借家権割合×賃貸割合）」により算出する。
4）子が、親の所有地を使用貸借により借り受けて、その宅地の上に自己資金で子名義のアパートを建築し賃貸の用に供している場合、その敷地たる宅地の価額は「貸家建付地」として評価する。

・解説と解答・

1）適切である（タックスアンサーNo.4614）。
2）不適切である。貸宅地の相続税評価額は、「自用地価額×（1－借地権割合）」により算出する（タックスアンサーNo.4613）。
3）不適切である。借地権（定期借地権を除く）の相続税評価額は、「自用地価額×借地権割合」により算出する。なお、「固定資産税評価額×（1－借家権割合×賃貸割合）」により算出されるのは、「貸家」の評価額である（タックスアンサーNo.4611、4602）。
4）不適切である。使用貸借にかかる宅地には、借地権は生じない。その評価額は自用地の価額となる（タックスアンサーNo.4603）。

正解　1）

1－23　相続税評価（株式の評価①）

《問》取引相場のない株式の評価における純資産価額方式に関する次の記
述のうち、最も不適切なものはどれか。

1）評価会社が所有する土地のなかに、課税時期前3年以内に取得した
土地があるときは、その土地の相続税評価額は、課税時期における
通常の取引価額で評価する。

2）1株当たり純資産価額の計算に用いる発行済株式数は、直前期末で
はなく課税時期における発行済株式数を用いる。

3）純資産価額の計算において、被相続人（評価会社の役職員等）の死
亡により相続人等に支給することが確定した退職手当金は、評価会
社の負債の金額には含まれない。

4）純資産価額は、課税時期現在で仮決算をして求めるのが原則である
が、直前期末から課税時期までの間に資産および負債について著し
く増減がないと認められる場合は、直前期末の資産および負債を基
に計算することができる。

・解説と解答・

1）適切である。評価会社が、課税時期前3年以内に取得または新築した土地
および家屋等の価額は、課税時期における通常の取引価額に相当する金額
により評価するものとする（財産評価基本通達185）。

2）適切である（財産評価基本通達185）。

3）不適切である。純資産価額の計算を行う場合、原則として退職給与引当金
等は評価会社の負債に含まれないが、被相続人（評価会社の役職員等）の
死亡により相続人等に支給することが確定した退職手当金、功労金その他
これらに準ずる給与の金額等については、評価会社の負債として計算する
（財産評価基本通達186）。

4）適切である（明細書通達「取引相場のない株式（出資）の評価明細書の記
載方法等」第5表2(4)）。

正解　3）

1－24　相続税評価（株式の評価②）

《問》取引相場のない株式の評価における類似業種比準方式に関する次の
記述のうち、最も適切なものはどれか。
1）評価会社の1株当たりの配当金額は、その配当金額に非経常的な特
別配当が含まれている場合には当該特別配当金額を含めて、直前期
末以前2年間における剰余金の配当金額の合計額の2分の1に相当
する金額により計算する。
2）評価会社の1株当たりの利益金額は、直前期末以前1年間における
当期純利益により計算する。なお、納税義務者の選択により、直前
期末以前2年間の当期純利益の合計額の2分の1に相当する金額に
より計算することもできる。
3）評価会社の1株当たりの純資産価額は、直前期末における資本金等
の額および法人税法上の利益積立金額に相当する金額の合計額によ
り計算する。
4）類似業種の株価は、課税時期の属する月以前3カ月間の各月の株
価、課税時期の前年平均株価または課税時期の属する月以前2年間
の平均株価のうち、最も高い金額とする。

・解説と解答・

1）不適切である。1株当たりの配当金額は、直前期末以前2年間における剰
余金の配当金額のうち、特別配当、記念配当等の非経常的配当金（将来毎
期継続することが予想できないもの）を除いた金額の合計額の2分の1に
相当する金額により計算する（財産評価基本通達183）。
2）不適切である。1株当たりの利益金額は、直前期末以前1年間における法
人税の課税所得金額（非経常的な利益の金額を除く）に、その所得の計算
上益金に算入されなかった剰余金の配当（資本金等の額の減少によるもの
を除く）等の金額および損金に算入された繰越欠損金の控除額を加算した
金額により計算する。なお、納税義務者の選択により、直前期末以前2年
間の各事業年度について、それぞれ法人税の課税所得金額を基とし、上記
に準じて計算した金額の合計額の2分の1に相当する金額により計算する
こともできる（財産評価基本通達183）。
3）適切である。1株当たりの純資産価額は、直前期末における資本金等の額

および法人税法2条18号に規定する利益積立金額に相当する金額（法人税申告書別表五（一）「利益積立金額及び資本金等の額の計算に関する明細書」の差引翌期首現在利益積立金額の差引合計額）の合計額により計算する（財産評価基本通達183）。

4）不適切である。類似業種の株価は、課税時期の属する月以前3カ月間の各月の株価、課税時期の前年の平均株価または課税時期の属する月以前2年間の平均株価のうち、最も低い金額とする（財産評価基本通達182）。

<u>正解　3）</u>

1-25　相続税評価（株式の評価③）

《問》相続税における株式の評価に関する次の記述のうち、最も不適切な
　　ものはどれか。
　1）金融商品取引所に上場している株式は、課税時期における時価評価
　　　相当額を評価額とする。
　2）配当還元方式とは、同族株主以外の少数株主が取得した株式の評価
　　　方法であるが、当該評価額が原則的評価方式により評価して計算し
　　　た金額を超える場合には、原則的評価方式により計算した金額に
　　　よって評価する。
　3）取引相場のない株式を配当還元方式により評価する場合、1株当た
　　　りの配当金額を10％で除して計算する。
　4）公開途上にある株式は、株式の公募または売出しが行われる場合は
　　　その公開価格により評価するが、公募または売出しが行われない場
　　　合は、課税時期以前の実際の取引価格を参考にして評価した価格に
　　　より評価する。

・解説と解答・

1）不適切である。上場株式の相続税評価額は、①課税時期（相続開始の日）
　　の終値、②課税時期の属する月の毎日の終値の平均額、③課税時期の属す
　　る月の前月の毎日の終値の平均額、④課税時期の属する月の前々月の毎日
　　の終値の平均額のうち最も低い価額を評価額とする（タックスアンサーNo.
　　4632）。
2）適切である（財産評価基本通達188-2）。
3）適切である（財産評価基本通達188-2）。なお、1株当たり配当金額は、
　　直前期末以前2年間における剰余金の配当金額のうち、特別配当、記念配
　　当等の非経常的配当金（将来毎期継続することが予想できないもの）を除
　　いた金額の合計額の2分の1に相当する金額により計算する（財産評価基
　　本通達183）。
4）適切である（財産評価基本通達174）

正解　1）

1－26 譲渡にかかる税金①

《問》譲渡所得の金額を計算する際の取得費に関する次の記述のうち、最も不適切なものはどれか。

1) 土地や建物を購入するための借入金の利子のうち、その土地や建物の使用開始の日までの期間に対応する部分は、事業所得などの必要経費に算入されたものを除き、取得費とすることができる。

2) 取得費がわからないときや実際の取得費が譲渡収入金額の5％より少ない場合は、その譲渡収入金額の5％相当額を取得費とすることができる。

3) 建物の取得費は、原則として、その建物の取得に要した金額に、設備費および改良費を加えた合計額から、所有期間中の減価償却費相当額を差し引いたものである。

4) 個人が相続（限定承認にかかるものを除く）によって取得した資産の取得費は、相続したときのその資産の時価となる。

・解説と解答・

1) 適切である（タックスアンサーNo.3252）。

2) 適切である（タックスアンサーNo.3258）。

3) 適切である（タックスアンサーNo.3252）。

4) 不適切である。個人が相続（限定承認にかかるものを除く）、贈与または遺贈（包括遺贈のうち限定承認にかかるものを除く）によって取得した資産の取得費については、被相続人、贈与者または遺贈者が取得した際の取得費がそのまま引き継がれる（タックスアンサーNo.3270）。

正解　4）

1－27　譲渡にかかる税金②

《問》譲渡所得の金額を計算する際の譲渡費用に関する次の記述のうち、最も適切なものはどれか。

1）修繕費や固定資産税など土地や建物の維持管理のために要する費用は、取得費とはならず、その土地や建物を譲渡する際の譲渡費用となる。

2）借家人を立ち退かせてアパートを売却するために直接かかった立退料は、譲渡費用となる。

3）土地や建物を売却するために直接かかった広告料や仲介手数料などは譲渡費用になるが、土地を売却するために、その土地上の建物を取り壊した場合の取壊しの費用は譲渡費用にならない。

4）譲渡代金のうち最終残金の支払いが延滞し、その回収のために要した弁護士費用は譲渡費用となる。

・解説と解答・

1）不適切である。土地や建物の維持管理のために要する費用は、取得費にも譲渡費用にもならない（タックスアンサーNo.3255）。

2）適切である（タックスアンサーNo.3255）。

3）不適切である。土地や建物を売却するために直接かかった広告料や仲介手数料に加え、建物の取壊し費用は譲渡費用となる（タックスアンサーNo.3255）。

4）不適切である。譲渡費用とは、仲介手数料や印紙税など、不動産を譲渡するために直接要した費用であるため、不動産の譲渡後の譲渡代金を回収するための間接的な費用は譲渡費用にならない（タックスアンサーNo.3255）。

正解　2）

1-28 譲渡にかかる税金③

《問》譲渡所得の金額を計算する際の取得の日に関する次の記述のうち、最も不適切なものはどれか。

1) 贈与により取得した資産の取得の日は、原則として、贈与者がその資産を取得した日である。
2) 相続または遺贈（限定承認にかかるものを除く）により取得した資産の取得の日は、原則として、被相続人がその資産を取得した日である。
3) ほかから購入した資産の取得の日は、その資産の引渡しを受けた日であり、売買契約の効力発生の日を資産の取得の日とすることはできない。
4) ほかに請け負わせて建設等をした資産の取得の日は、その資産の引渡しを受けた日であり、請負契約の効力発生の日を資産の取得の日とすることはできない。

・解説と解答・

1) 適切である（タックスアンサーNo.3270、所得税法基本通達60-1）。
2) 適切である（タックスアンサーNo.3270、所得税法基本通達60-1）。
3) 不適切である。ほかから購入した資産の取得の日は、原則として、その資産の引渡しを受けた日である。ただし、納税者の選択により、売買契約などの効力発生の日を資産の取得の日とすることも可能である（所得税法基本通達33-9、36-12）。
4) 適切である（所得税法基本通達33-9）。

正解　3）

第 2 章

事業承継関連法制等

2-1 会社法（金庫株制度①）

《問》自己株式の取得と保有（いわゆる金庫株制度）に関する次の記述の
うち、最も適切なものはどれか。
1）特定の株主から自己株式を取得するためには、株主総会の普通決議
で所定の事項を決議する必要がある。
2）自己株式は、原則として、分配可能額の範囲内で取得することがで
きる。
3）発行会社が保有している自己株式は、貸借対照表上、固定資産に分
類され投資有価証券として計上される。
4）発行会社が保有している自己株式については、議決権はないが、配
当を受け取る権利はある。

・解説と解答・

1）不適切である。特定の株主から自己株式を取得するためには、株主総会の
特別決議で所定の事項を決議する必要がある（会社法156条、160条1項、
309条2項2号）。
2）適切である（会社法461条1項2号）。
3）不適切である。自己株式は、貸借対照表上、純資産の部の株主資本に自己
株式の項目を設けて、純資産の部の合計額から控除する。
4）不適切である。会社が保有している自己株式については、議決権はなく、
配当を受け取る権利もない（会社法308条2項、453条）。

<u>正解　2）</u>

2－2　会社法（金庫株制度②）

《問》自己株式の取得と保有（いわゆる金庫株制度）に関する次の記述の
うち、最も適切なものはどれか。
1）すべての株式に譲渡制限のある会社の自己株式の取得手続において
は、株主から発行会社に対して譲渡承認手続は不要である。
2）発行会社が自己株式の取得をするための対価は、金銭のみに限られ
る。
3）発行会社が自己株式を消却する場合、株主総会の特別決議が必要で
ある。
4）個人株主が所有する株式を発行会社に譲渡する場合は、株式の譲渡
価額と取得価額の差額が、配当所得として課税対象となる。

・解説と解答・

1）適切である。譲渡制限株式を発行会社に譲渡する場合（発行会社が自己株
式を取得する場合）は、譲渡承認手続きは不要である（会社法136条）。
2）不適切である。自己株式の取得対価は金銭に限られないが、当該株式会社
の株式等を除く（会社法156条1項2号）。
3）不適切である。自己株式を消却する場合は、取締役会設置会社においては
取締役会、取締役会を設置していない会社においては取締役の過半数の決
定で足りる（会社法178条、348条2項、369条）。なお、自己株式の消却を
行うと、その消却分だけ発行済株式総数が減少する。発行可能株式総数や
資本金の額は当然には減少しない。
4）不適切である。譲渡価額とその株式に対応する税務上の資本金および資本
準備金の合計額（以下、「資本金等の額」という）との差額については配
当所得となり、資本金等の額と取得価額の差額については譲渡所得となる
（所得税法25条1項5号、租税特別措置法37条の10第1項）。

正解　1）

2-3 会社法（種類株式①）

《問》種類株式に関する次の記述のうち、最も不適切なものはどれか。
1）種類株式を発行するには、種類株式の内容および発行する株数（発行可能種類株式総数）を定款に定めて登記する必要がある。
2）優先株式は、株主の剰余金配当請求権または残余財産分配請求権について、ほかの株式に優先した請求権をもつ。
3）拒否権付株式（黄金株）は、1株保有することで、取締役の選任や解任、会社の合併や事業譲渡等の一定の決議事項について、経営上の最終的な決定権を留保することができる。
4）無議決権株式は、議決権に制限があるため、相続税法上は、原則として普通株式の評価額に70%を乗じて評価する。

・解説と解答・

1）適切である（会社法108条2項、911条3項7号、9号）。なお、定款の内容を変更するには、株主総会の特別決議が必要である（同法309条2項11号、466条）。
2）適切である。なお、劣後株式とは、株主の剰余金配当請求権または残余財産分配請求権について、ほかの株式に劣後した請求権をもつ株式である。つまり、優先株式の場合にはほかの株式よりも先に、劣後株式の場合にはほかの株式よりも後に、剰余金の配当や残余財産の分配を受けることとなる。
3）適切である（会社法108条1項8号）。
4）不適切である。無議決権株式および議決権のある株式は、原則として、議決権の有無を考慮せずに評価する。なお、同族株主が無議決権株式を相続または遺贈により取得した場合は、相続税の法定申告期限までに遺産分割協議が確定し、当該株式を取得したほかの同族株主全員の同意が得られることを条件に、当該無議決権株式を、原則的評価方式による評価額に5%を乗じて計算した金額を控除した金額により評価し、当該同族株主が取得した当該会社の議決権のある株式の価額に、上記の控除額を加算した金額で評価することもできる（国税庁「相続等により取得した種類株式の評価について（照会）」）。

正解　4）

2－4　会社法（種類株式②）

《問》種類株式に関する次の記述のうち、最も不適切なものはどれか。
1）議決権制限株式は、株主総会において議決権を行使することができる事項について制限を受ける株式であり、議決権がまったくない完全無議決権株式と、一部の事項につき議決権をもたない狭義の議決権制限株式がある。
2）譲渡制限株式は、譲渡による株式の取得について発行会社の承認を必要とする株式であり、その譲渡を承認する機関は株主総会に限られる。
3）配当優先株式を発行している会社の株式を類似業種比準方式により評価する場合、「1株当たりの配当金額」は、株式の種類ごとにその株式に係る実際の配当金により計算する。
4）全部取得条項付株式は、発行会社の株主総会の特別決議により、その全部を当該発行会社が取得することができる株式である。

・解説と解答・

1）適切である。なお、議決権制限株式の発行会社が公開会社の場合は、当該議決権制限株式の発行数は発行済株式総数の2分の1以下としなければならない（会社法115条）。
2）不適切である。譲渡制限株式の譲渡承認の決定は、原則として株主総会の決議によるが、取締役会設置会社では取締役会の決議による。ただし、定款に別段の定めがある場合は、この限りではない（会社法139条1項）。
3）適切である。なお、配当優先株式を有する会社の株式を純資産価額方式により評価する場合は、配当優先の有無にかかわらず、財産評価基本通達185の定めにより評価する（国税庁「相続等により取得した種類株式の評価について（照会）」）。
4）適切である（会社法108条1項7号、171条1項、309条2項3号）。

正解　2）

2－5　遺留分①

《問》遺留分に関する次の記述のうち、最も不適切なものはどれか。
 1）遺留分は、相続人である配偶者、子（およびその代襲相続人）および直系尊属に認められている。
 2）配偶者と母親が相続人である場合、配偶者の具体的な遺留分割合（法定相続分を乗じた後の割合）は、遺留分を算定するための財産の価額に対し3分の1である。
 3）遺留分を算定するための財産の価額は、被相続人が相続開始の時に有していた財産の価額に一定の贈与財産を加え、債務の全額を控除して算定する。
 4）相続人が、被相続人の生前に遺留分を放棄したときは、当該相続人が財産を相続する権利は消滅する。

・解説と解答・

1）適切である（民法1042条1項）。
2）適切である。相続人が複数人いる場合の遺留分割合は、直系尊属のみが相続人である場合は3分の1、その他の場合は2分の1に各相続人の法定相続分を乗じた割合である。したがって、本肢における配偶者と母親の具体的な遺留分割合は、下記のとおりである（民法900条、1042条）。

配偶者の遺留分割合：$\frac{1}{2} \times \frac{2}{3}$（配偶者の法定相続分）$= \frac{1}{3}$

母親の遺留分割合　：$\frac{1}{2} \times \frac{1}{3}$（母親の法定相続分）　$= \frac{1}{6}$

3）適切である（民法1043条1項）。
4）不適切である。遺留分の放棄は、相続に関する権利のうち遺留分に関する権利を放棄するだけであって、それ以外の権利は喪失しない。なお、相続の開始前に遺留分の放棄をするためには、家庭裁判所の許可を受ける必要がある（民法1049条）。

正解　4）

2－6　遺留分②

《問》遺留分に関する次の記述のうち、最も適切なものはどれか。
1) 遺留分は、被相続人の配偶者、子、直系尊属および兄弟姉妹に認められている。
2) 相続人が被相続人の父と母の2人のみである場合、母の具体的な遺留分割合（法定相続分を乗じた後の割合）は、遺留分を算定するための財産の価額に対し6分の1である。
3) 遺留分権利者が遺留分侵害額請求権を行使する場合、必ず遺留分の侵害者に対して裁判により請求しなければならない。
4) 生前贈与された財産を、遺留分を算定するための財産の価額に加算する場合、その贈与財産の価額は、原則として贈与時の価額となる。

・解説と解答・

1) 不適切である。遺留分は、被相続人の兄弟姉妹には認められていない（民法1042条）。
2) 適切である。本肢の場合は直系尊属のみが相続人であるため、3分の1に法定相続分である2分の1を乗じた6分の1が遺留分割合となる（民法900条、1042条）。
3) 不適切である。遺留分侵害額請求権は、裁判で請求する必要はなく、遺留分侵害者に対する意思表示で足りる（民法1046条）。
4) 不適切である。生前贈与された財産を、遺留分を算定するための財産に加算する場合、その贈与財産の価額は、原則として相続開始時の価額となる（民法904条、1043条、1044条）。

正解　2）

2−7 遺留分③

《問》遺留分に関する民法の特例（以下、「本特例」という）に関する次の記述のうち、最も適切なものはどれか。

1）除外合意と固定合意は、組み合わせて適用することができる。
2）後継者の所有する自社株等のうち、本特例の対象以外の自社株等の議決権数が総議決権数の3分の1を超える場合は、本特例を適用することができない。
3）贈与を受けた自社株を固定合意の対象とした場合、遺留分算定の基礎となる株式の価額は、株式の当初の発行価額としなければならない。
4）本特例の適用対象会社は、合意時点において2年以上継続して事業を行っている非上場会社である。

・解説と解答・

1）適切である（経営承継円滑化法第4条1項）。
2）不適切である。後継者の所有する自社株等のうち、本特例の対象以外の自社株等の議決権数が総議決権数の50％を超える場合は、本特例を適用することができない（経営承継円滑化法第4条1項）。
3）不適切である。固定合意の対象となった株式の遺留分算定の基礎となる価額は、合意時点の評価額（弁護士、弁護士法人、公認会計士、監査法人、税理士または税理士法人が証明した評価額）である（経営承継円滑化法第4条1項2号）。
4）不適切である。本特例の適用対象会社は、合意時点において3年以上継続して事業を行っている非上場会社である（経営承継円滑化法第3条1項）。

正解　1）

2－8　非上場株式等についての贈与税の納税猶予及び免除の特例（特例措置）①

《問》非上場株式等についての贈与税の納税猶予及び免除の特例（特例措置）（以下、「本特例」という）に関する次の記述のうち、最も不適切なものはどれか。なお、各選択肢において、ほかに必要とされる要件等はすべて満たしているものとする。

1）本特例の適用により、受贈者である後継者が納付すべき贈与税額のうち、本特例の対象となる非上場株式に係る課税価格に対応する贈与税の全額について、贈与者の死亡の日等まで納税が猶予される。

2）本特例の適用を受ける受贈者である後継者が2人いる場合、当該後継者は、贈与時において総議決権数の10％以上の議決権数を保有し、かつ、当該後継者と特別の関係がある者（ほかの後継者を除く）の中で最も多くの議決権数を保有することとなる必要がある。

3）本特例の適用を受けるためには、会社の後継者や承継時までの経営見通し等を記載した特例承継計画を都道府県知事に提出し、確認を受ける必要がある。

4）本特例の適用を受ける受贈者である後継者が贈与者である先代経営者等の推定相続人以外の場合は、相続時精算課税の適用を受けることはできない。

・解説と解答・

1）適切である。

2）適切である。受贈者である後継者の要件としては、次のとおりである。
贈与時において、
①会社の代表権を有していること
②18歳以上であること
③役員就任から3年以上を経過していること
④後継者および後継者と特別の関係がある者で、総議決権数の50％超の議決権数を保有することとなること
⑤後継者の有する議決権数が、イまたはロに該当すること（特例措置）
イ：後継者が1人の場合
後継者と特別の関係がある者（ほかの後継者を除く）の中で最も多

　　くの議決権数を保有することとなること

　ロ：後継者が2人または3人の場合

　　総議決権数の10％以上の議決権数を保有し、かつ、後継者と特別の
　　関係がある者（ほかの後継者を除く）の中で最も多くの議決権数を
　　保有することとなること

3）適切である。2026年3月31日までに都道府県知事に提出し、確認を受ける
　必要がある。

4）不適切である。本特例の適用を受ける受贈者である後継者が贈与者である
　先代経営者等の推定相続人以外の者（その年の1月1日において18歳以
　上）であり、かつ、贈与者が同日において60歳以上である場合には、相続
　時精算課税の適用を受けることができる。（相続税法21条の9、同法附則
　23条3項）。

正解　4）

2－9　非上場株式等についての贈与税の納税猶予及び免除の特例
　　　（特例措置）②

《問》非上場株式等についての贈与税の納税猶予及び免除の特例（特例措置）（以下、「本特例」という）に関する次の記述のうち、最も適切なものはどれか。なお、各選択肢において、ほかに必要とされる要件等はすべて満たしているものとする。
1 ）本特例の適用を受けるためには、贈与前に経営承継円滑化法に基づき、会社が計画的な事業承継に係る取り組みを行っていることについて、経済産業大臣の事前確認を受ける必要がある。
2 ）本特例における雇用確保要件を満たさなくなった場合、いかなる理由があろうとも納税猶予の期限が確定する。
3 ）本特例の適用を受けた受贈者である後継者が、本特例に係る贈与税の申告期限の翌日以後 5 年を経過する日以後（特例経営承継期間経過後）に本特例の適用を受けた株式を譲渡した場合は、いかなる理由があろうとも納税猶予税額の全額を納付しなければならない。
4 ）本特例の適用を受ける受贈者が、贈与者の推定相続人以外であっても、一定の要件を満たした場合には、相続時精算課税の適用を受けることができる。

・解説と解答・

1 ）不適切である。2013年 4 月 1 日以後は、経済産業大臣の事前確認は不要とされた。
2 ）不適切である。本特例においては、雇用確保要件を満たせない理由を記載した一定の要件を満たす報告書を都道府県知事に提出し、確認を受けることで、納税猶予は継続される。
3 ）不適切である。特例経営承継期間経過後に、後継者が、本特例の適用を受けた株式の全部または一部を譲渡した場合は、納税が猶予されている贈与税のうち、譲渡した部分に対応する贈与税と利子税を併せて納付する必要がある。ただし、免除対象贈与（本特例の適用を受けている非上場株式等がさらに後継者に贈与され、当該後継者が再び本特例の適用を受ける場合の贈与）の場合は、贈与税および利子税を納付する必要はない。
4 ）適切である。本特例の適用を受ける受贈者が、贈与者の推定相続人以外の

者（その年の１月１日において18歳以上）であり、かつ、贈与者が同日において60歳以上の者である場合には、相続時精算課税の適用を受けることができる。（相続税法21条の９、同法附則23条３項）。

<u>正解　４）</u>

2−10　非上場株式等についての相続税の納税猶予及び免除の特例（特例措置）①

《問》 A社（非上場会社）が抱えている問題に対する一般的な解決策の提案として次の記述のうち、最も不適切なものはどれか。

───〈設　例〉───

・A社のオーナーは60歳、その長男（24歳）は2年前にA社に入社している。
・オーナーは、親族内承継を好まず、年齢の若い長男には事業を継がせる気はない。
・A社は、上場メーカーX社の100％下請会社で技術力もあることから、ここ3年は年商40億円、経常利益4億円を毎期計上している。
・A社株式の持株シェアはオーナー一族が45％、中小企業投資育成株式会社が30％、その他の株主が25％である。
・将来的に株式上場も考えている。

1）A社の場合、長男が入社し、財務内容もここ数年安定していることから、まずは親族内承継を試みるのが有力な選択肢となりますが、親族以外で後継者を探す場合、上場企業になることで人材も集まり、適切な後継者が確保できる場合もあります。
2）上場企業になると、敵対的買収リスクにさらされる、上場維持コストがかかる、コンプライアンスなどの内部統制をきちんと整備しなければならないなど、本業以外で相当な人材投資や資金投資が必要になります。
3）若年後継者を育成するには、創業から現在に至るまでのオーナーの経験や経営に対する思い、価値観、信条といった経営理念を伝え、早い段階で取締役に就任させ、経営者としての資質を身につけるべく幅広い分野の社内経験を積ませるべきです。
4）A社の場合、「非上場株式等についての相続税の納税猶予及び免除の特例（特例措置）」を利用することで、後継者が相続した自社株の100％相当額にかかる相続税の納税猶予を受けることができます。

●解説と解答●

1）適切である。
2）適切である。
3）適切である。
4）不適切である。「非上場株式等についての相続税の納税猶予及び免除の特例（特例措置）」を利用するためには、相続開始時において、オーナー一族（後継者および後継者と特別の関係にある者）の持株シェアが50％超である必要があるため、現状のままでは本特例の適用を受けることはできない。なお、A社が上場企業となった場合は、本特例は適用できなくなるため注意を要する。

正解　4）

2-11 非上場株式等についての相続税の納税猶予及び免除の特例（特例措置）②

《問》非上場株式等についての相続税の納税猶予及び免除の特例（特例措置）（以下、「本特例」という）に関する次の記述のうち、最も不適切なものはどれか。なお、各選択肢において、ほかに必要とされる要件等はすべて満たしているものとする。
1) 本特例の適用を受けるにあたり、相続開始前に会社が計画的な事業承継に係る取り組みを行っていることについて、経済産業大臣の事前確認は不要とされている。
2) 本特例の適用を受けることができる後継者である相続人等は、1社につき1人までとされている。
3) 本特例に係る相続税の申告期限の翌日以後5年を経過する日以後（特例経営承継期間経過後）に、会社が破産手続開始決定を受けた場合は、納税猶予税額の全部または一部が免除される。
4) 本特例は、2018年1月1日から2027年12月31日までの相続により取得する財産に係る相続税が対象である。

・解説と解答・

1) 適切である。2013年4月1日以後は、経済産業大臣の事前確認は不要とされた。
2) 不適切である。2018年度税制改正により、最大3人まで本特例の適用を受けることができるようになった。
3) 適切である。その他、納税が猶予されている相続税の納付が免除される主な場合として、後継者が死亡した場合、特例経営承継期間経過後において免除対象贈与（本特例の適用を受けている非上場株式等がさらに後継者に贈与され、当該後継者が非上場株式等についての贈与税の納税猶予及び免除の特例を受ける場合の贈与）を行った場合等がある。
4) 適切である。なお、「非上場株式等についての贈与税の納税猶予及び免除の特例（特例措置）」についても、同様の期間中の贈与が対象である。

正解 2）

2 −12　金融支援措置

> 《問》金融支援措置に関する次の記述のうち、最も不適切なものはどれ
> か。
> 1 ）経営承継円滑化法の認定を受けた中小企業者は、中小企業信用保険
> 　　法の特例により、金融機関から借り入れる一定の資金に関し、信用
> 　　保証協会の通常の保証枠とは別枠で保証を受けることができる。
> 2 ）株式会社日本政策金融公庫法および沖縄振興開発金融公庫法の特例
> 　　の対象となる中小企業者は、株式を上場または店頭登録していない
> 　　会社である。
> 3 ）経営承継円滑化法の認定を受けた中小企業者の代表者が融資対象と
> 　　なっている事業承継支援資金の融資機関は、日本政策投資銀行が
> 　　担っている。
> 4 ）金融支援措置の対象となる中小企業者は、一定の要件を満たし、都
> 　　道府県知事の認定を受けたものである。

・解説と解答・

 1 ）適切である。中小企業信用保険法の特例により、信用保証協会の債務保証
　　が実質的に別枠化されるため、中小企業者が当該債務保証を受けること
　　で、金融機関からの資金調達が行いやすくなる（経営承継円滑化法13条、
　　中小企業信用保険法 3 条 1 項、 3 条の 2 第 1 項、 3 条の 3 第 1 項）。
 2 ）適切である（経営承継円滑化法12条、14条）。
 3 ）不適切である。事業承継支援資金の融資機関は、日本政策金融公庫および
　　沖縄振興開発金融公庫である（経営承継円滑化法14条）。
 4 ）適切である（経営承継円滑化法12条、同法施行令 2 条）。

正解　 3 ）

2-13　信託スキーム

《問》信託スキームに関する次の記述のうち、最も不適切なものはどれ
か。
1）遺言代用信託とは、委託者が財産を受託者に信託し、委託者が生存
している間は委託者本人が受益者となり、委託者が死亡した後は信
託契約により指定した者が受益者として信託財産から生ずる利益を
受け取る信託である。
2）他益信託とは、委託者以外の者が受益者となる信託をいう。
3）後継ぎ遺贈型受益者連続信託とは、受益者の死亡により、当該受益
者の有する受益権が消滅し、ほかの者が新たな受益権を取得する旨
の定めがある信託であり、無期限に受益権を引き継ぐことができ
る。
4）後見制度支援信託とは、被後見人の財産のうち、日常的な支払をす
るのに必要十分な金銭を除いた残りの金額を、信託銀行等に信託す
る仕組みであり、被後見人の財産を管理するための方法の1つであ
る。

・解説と解答・

1）適切である。
2）適切である。他益信託を生前贈与信託ともいう。
3）不適切である。後継ぎ遺贈型受益者連続信託は、信託設定後30年経過した
後の次の一代までしか効力が及ばない。
4）適切である。

正解　3）

2−14　現状把握のために収集すべき情報

《問》中小企業の事業承継計画の立案にあたって収集すべき情報に関する次の記述のうち、最も不適切なものはどれか。

1) 会社がどの事業分野で収益を上げているか、その分野は今後も収益獲得を期待できるか、本業以外の部分で主要な収益を上げていないかを把握し、会社全体の売上や収益だけで評価することなく、事業承継の方向性を見極める必要がある。

2) 後継者が子息等の場合、オーナーの会社に対する貸付金は、返還を期待していない実質的な資本金のようなものとして捉えることができる。

3) オーナーが所有する株式およびその評価額、土地や建物、借入金、会社の資金調達の際の個人保証等の状況は、さまざまな問題に発展する可能性があることから、重要な情報収集項目である。

4) 経営権、支配権の承継にかかわる生前贈与の実施や遺言の作成など、すでに実施済みの相続紛争予防に向けた対策が講じられているかどうかの確認も必要である。

・解説と解答・

1) 適切である。

2) 不適切である。オーナーの相続が発生した場合、会社に対する債権金額は相続財産として元本の価額で評価されてしまうため、注意が必要となる。

3) 適切である。

4) 適切である。

正解　2)

2-15　情報の入手方法①

《問》事業承継計画の立案にあたって必要な情報の入手方法に関する次の記述のうち、最も不適切なものはどれか。

1) 貸借対照表（B／S）には、会社のある一定時期（決算期等）における資産、負債、純資産の状態が示されており、会社の財政状況が表されている。
2) 株主資本等変動計算書とは、貸借対照表の純資産の部の各項目の一定期間内における変動事由を報告するために作成される書類である。
3) 株式会社における定款は、会社の設立にあたり、会社の事業内容、商号、本店所在地、発行可能株式総数、役員数、機関設計など、会社の根本的な規則またはそれを記載した書面のことで、変更するには原則として株主総会の普通決議が必要となる。
4) 不動産登記簿謄本（登記事項証明書）は、不動産の権利関係や物理的状況を表している書類で、請求対象の土地または建物を管轄する登記所に必要事項を記載した請求書を提出することで、だれでも入手することができる。

・解説と解答・

1) 適切である。
2) 適切である。
3) 不適切である。定款を変更するには、原則として株主総会の特別決議が必要である（会社法309条2項11号、466条）。
4) 適切である。

正解　3）

2−16 情報の入手方法②

《問》事業承継計画の立案にあたって必要な情報の入手方法に関する次の
記述のうち、最も不適切なものはどれか。
1）法人税申告書の別表二は、法人税の課税所得金額や法人税額、同族
会社の留保金課税額などが記載されている。
2）株式会社の役員の任期は定款に規定されることが多く、特に規定し
なければ2年（監査役は4年）の任期となる。
3）株式会社の定款により、種類株式の有無、相続人等に対する売渡請
求権の有無および株式の譲渡制限の有無を確認できる。
4）所得税の確定申告書の第一表からは給与収入以外の収入の存在およ
び課税所得金額を把握することができ、さらに第二表からは所得の
内訳等を把握することができる。

・解説と解答・

1）不適切である。本肢は、法人税申告書の別表一の説明である。法人税申告
書の別表二は、同族会社等の判定に関する明細書で、同族株主や持株数な
どが記載されている。
2）適切である。なお、非公開会社であれば、役員の任期は、最長10年まで伸
ばすことができる。また、役員の任期に関する事項は定款に定めても、商
業登記簿謄本（登記事項証明書）には記載されない。
3）適切である。
4）適切である。

<u>正解　1）</u>

2−17　株式を前代表者が保有しているケース①

《問》B社（非上場会社）が抱えている問題に対する一般的な解決策の提
　　　案として次の記述のうち、最も不適切なものはどれか。

──────────〈設　例〉──────────

・B社の会長（創業者）は78歳、社長はその長男（52歳）である。
・会長の妻は3年前に死亡している。子供は、長男のほか、長女
　（50歳）と二男（47歳）がいる。
・いまだにB社株式の大半を会長が所有しており、会長の知人であ
　る名義株主も存在している。
・これまでに何度か顧問税理士が会長にB社株式の移転を勧めた
　が、自分が疎外される気がするとの理由で実現していない。

1）相続等により名義株主に変更が生じている場合、新たな名義株主
　　が、実質的な所有者として会社法上の株主の権利を主張するなどの
　　トラブルが発生するリスクがあることから、当初の経緯を知ってい
　　る会長が健在なうちに、名義株を整理しておく必要があります。
2）会長が自社株を保有し続ける理由が、自社株移転時に社長が負担す
　　る納税資金である場合、将来的な相続税負担も勘案し、社長の役員
　　報酬を適正額まで増額しておく必要があります。
3）非上場株式等についての贈与税の納税猶予及び免除の特例（特例措
　　置）を活用すれば、発行済議決権株式総数の2分の1に達するまで
　　の部分の自社株に限り、贈与税の納付を猶予して後継者に移転させ
　　ることができます。
4）会長は「自社株をすべて渡してしまうと自分が疎外される気がす
　　る」と危惧していることから、拒否権付種類株式（黄金株）を1株
　　発行し、会長が保有することで、経営に睨みをきかせるとともに自
　　分の立場を守ることができます。

56

1）適切である。「名義株」とは、他人名義を借用して、株式の引受け、払込みがなされた株式であり、株主名簿上の名義人である株主と、実際の出資者である真の株主が相違している状態の株式をさす。名義株をそのままにしておくと、名義株主から権利を主張されたり、買取りを請求されるおそれがあるため、経緯を知っている者が健在なうちに整理しておく必要がある。

2）適切である。

3）不適切である。一定の要件を満たせば、発行済議決権株式の全株式に相当する自社株の贈与について、贈与税の納付を猶予して後継者に移転させることができる。

4）適切である。

正解　3）

2-18　株式を前代表者が保有しているケース②

《問》X社（非上場会社）が抱えている問題に対する一般的な解決策の提案として次の記述のうち、最も不適切なものはどれか。

――――〈設　例〉――――

・X社は、A会長（70歳）が創業者、B社長（Aの長男、43歳）が二代目社長である。
・Aの妻は、すでに死亡している。
・Aの子は、Bのほかに、二男C（40歳）がいる。
・Cは、X社の経営には携わっていない。
・X社株式は、Aがほとんどを所有している。また、Aの知人が名義株主となっている。
・Aは、X社の社長を退任して会長に就いた際においても、現社長であるBに株式を移転しようとしない。
・BはAからの贈与について、過去に相続時精算課税を選択したことはない。

1）Aの知人が保有する名義株はAの相続が開始するとトラブルになる可能性があるため、事情や経緯を知っているAの生存中に整理すべきです。
2）Aが株式を移転しようとしない理由として、「Bの贈与税負担」「Cへの配慮」などのほか、「疎外感」などの心情的なことも考えられます。
3）「非上場株式等についての贈与税の納税猶予及び免除の特例（特例措置）」の適用を受けた場合には、発行済議決権株式総数の3分の2に達するまでの部分に対応する贈与税の全額の納税が猶予されます。
4）「非上場株式等についての贈与税の納税猶予及び免除の特例（特例措置）」の適用を受けた後、Aが死亡した場合、特例の適用を受けたX社株式は、贈与時の価額によりほかの相続財産と合算して相続税が計算されます。

・解説と解答・

1）適切である。
2）適切である。
3）不適切である。本特例は、全株式を対象に贈与税の全額の納付が猶予される。
4）適切である。本特例の適用を受けた非上場株式等は、原則として、贈与者であるAの死亡時において、受贈者であるBがAから相続や遺贈によって取得したとみなされ、相続税の課税対象となり、納税が猶予されていた贈与税額は免除される。なお、一定の要件を満たす場合は、当該X社株式について、「非上場株式等の贈与者が死亡した場合の相続税の納税猶予及び免除の特例」の適用を受けることができる。ただし、適用を受けていた「非上場株式等についての贈与税の納税猶予及び免除の特例」が一般措置であるか特例措置であるかに応じ、「非上場株式等の贈与者が死亡した場合の相続税の納税猶予及び免除の特例」の一般措置または特例措置が適用されることとなる（タックスアンサー№4439）。

正解　3）

2 −19　株式が分散しているケース①

《問》C社（非上場会社）が抱えている問題に対する一般的な解決策の提案として次の記述のうち、最も不適切なものはどれか。

─── 〈設　例〉 ───

- ・7年前に発生した創業者の相続の際、長男（61歳）、長女（59歳）および二女（57歳）の3人でC社株式を相続し、現在、長男である社長が34％、長女および二女がそれぞれ33％ずつ保有している。
- ・長女、二女は、それぞれ結婚して子がおり、長女、二女とその子のいずれもC社の経営には関与していない。
- ・社長の1人息子（33歳）は、C社に入社しており、事業を継ぐつもりである。
- ・この7年間、C社は赤字を出しておらず、現在の株価は7年前の相続発生時の約20倍に達している。今後もC社は成長が見込まれ、株価も上昇する可能性が高いといった経営環境にある。
- ・最近、二女から「息子が自宅を購入することになり住宅資金を援助してやりたいので、C社株式を買い取ってほしい」との申出があった。

1) 支配権の承継については、最低でも発行済議決権株式総数の過半数、できれば3分の2以上の株式を後継者に承継する必要があるといわれます。経営に関与していないとはいえ長女、二女がC社株式の66％を保有していることから、長女、二女が合意すれば株主総会の普通決議で取締役の解任も可能となります。

2) いったん分散してしまった株式を集中させることは簡単なことではありません。二女からの自社株買取りの申出については積極的に対応すべきです。その際、社長が株式を買い取ることが最も得策といえるでしょう。

3) 自社株の一部が長女、二女に残ってしまう場合、その株式を議決権制限株式に変更することをお勧めします。議決権を制限する代わりに、配当優先株式として普通株式よりも配当を多くするなどの代替措置を合わせて検討するとよいでしょう。

4）C社の場合、万一、長女、二女に相続が発生し、その子供たちに株式が渡った場合、株主総会の運営や株式の買取交渉などが難航する可能性もありますので、相続人等に対する売渡請求制度の利用を検討すべきです。

・解説と解答・

1）適切である。株主総会の普通決議は、議決権の過半数を有する株主が出席し、出席した株主の議決権の過半数の賛成で成立する決議であり、株主総会の特別決議は、議決権の過半数を有する株主が出席し、出席した株主の議決権の3分の2以上の賛成で成立する決議である。会社の基本的な事項を決定する株主総会における決議要件を満たすため、後継者にはできる限り自社株を集中させることが望ましい。

2）不適切である。C社の場合、今後も会社の成長が見込まれ、自社株評価も上昇する可能性が高く、現社長の個人資産（将来の相続財産）がさらに増えていくことから、後継者としてすでに入社している現社長の息子が購入するのが得策と考えられる。後継者に資金力がない場合は、会社が自己株式（金庫株）として買い取ることも検討する。

3）適切である。種類株式を発行するには定款で種類株式の内容を定める必要があるため、株主総会の特別決議による定款変更の決議が必要である（会社法108条、309条2項11号、466条）。

4）適切である。なお、売渡請求制度とは、会社が、定款の定めにより、相続等の一般承継により譲渡制限株式を取得したものに対し、当該株式を会社に売り渡すことを請求することができる制度である。

<u>正解　2）</u>

2−20　株式が分散しているケース②

《問》X社（非上場会社）が抱えている問題に対する一般的な解決策の提案として次の記述のうち、最も不適切なものはどれか。

───〈設　例〉───

・X社の創業者Aが8年前に死亡した際、Aの遺言により、長男B、長女C、二女Dの3人でX社株式を相続し、X社の現社長であるB（58歳）が34％、C（55歳）およびD（52歳）がそれぞれ33％ずつ保有している。
・C、Dはそれぞれ結婚して子がおり、C、Dとそれぞれの子は、X社の経営には携わっていない。
・B、CおよびDの関係は良好である。
・X社の業績は順調に推移しており、Aの相続発生時よりも株価は高くなっている。
・Bの長男E（30歳）は、専務取締役として、X社の経営に携わっており、今後、事業を引き継ぐつもりでいる。
・最近、Bは、Dから、Dの子の住宅購入資金を援助したいので、X社株式を買い取ってほしいとの申出を受けた。
・X社の定款には、取締役の選任・解任等について、別段の定めはない。

1）経営に関与していないCおよびDがX社株式の66％を保有しているため、株主総会での決議は、現社長のB1人では可決できず、CおよびDが結託すると、役員の選任が普通決議によって行われるため、X社の経営に影響を及ぼす可能性があります。

2）Bの長男Eが後継者にふさわしいと判断できるのであれば、Eの役員報酬を増額し、今後EがX社株式を買い取ることも検討すべきでしょう。

3）DからのX社株式の買取りの申出に応じる場合、X社株式をだれが買い取るかについては、現社長のBだけでなく、X社自体が購入することも検討に値します。

4）相続により非上場会社の譲渡制限株式を取得した者に対し、その株式を会社に売り渡すことを請求することができる旨を定款に定める

62

場合には、株主総会の普通決議によって行うことができます。

・解説と解答・

1）適切である。役員の選任は、株主総会の普通決議（議決権を行使すること
ができる株主の議決権の過半数を有する株主が出席し、出席した株主の議
決権の過半数の決議）によって行われるため、現状のままではCおよびD
がX社の経営に影響を及ぼす可能性がある。

2）適切である。将来的にBからEへ事業を承継することを想定し、徐々にE
へX社株式を集中させていくことを検討する必要がある。その事前準備と
して、Eの役員報酬を増額し、X社株式の買い取り資金を捻出しておくこ
とが望ましい。

3）適切である。X社株式をBが買い取った場合、Bの相続財産が増えること
となり望ましくない。Bの将来的な相続対策として、X社自体が買い取る
ことも1つの方法である。

4）不適切である。相続人等に対する売渡請求についての記述である。株式会
社は、相続等の一般承継により譲渡制限株式を取得した者に対し、当該株
式を当該株式会社に売り渡すことを請求することができ、相続等により株
主が変わることに歯止めをかけることができることとされている。この売
渡請求をするためにはその旨を定款に定める必要があり、定款の変更を行
う場合は、株主総会の特別決議が必要である（会社法174条、309条2項11
号、466条）。

正解　4）

2 −21　遺言書が作成されていないケース

《問》D社（非上場会社）が抱えている問題に対する一般的な解決策の提案として次の記述のうち、最も不適切なものはどれか。

───── 〈設　例〉 ─────

・D社の社長（76歳）には、長女（48歳）と長男（44歳）の2人の子がいる。社長の妻はすでに死亡している。

・長女、長男はいずれもD社に入社しており、長女は経理部長、長男は常務取締役である。

・社長は長男を後継者にしたいと考えているが、なかなか口に出すことができず、遺言書も作成していない。

1) 自筆証書遺言は、原則として、遺言作成に立ち会う2人以上の証人（相続人等の利害関係者以外）とともに公証役場に出向いて作成する必要がありますが、公証人が作成に関与するため無効になる可能性が低く、紛失や偽造等のおそれもないことから、相続紛争の防止のために有効な手段と考えられます。

2) 遺言により自由に遺産分割の指定はできますが、遺留分の制約を受けますので、遺言が遺留分を侵害する内容の場合、後継者を死亡保険金受取人とした生命保険に加入し、当該死亡保険金を代償分割財産とすることで、後継者でない相続人に分割すべき財産を事前に準備しておくなどの対策が別途必要になります。

3) 円滑な遺言執行を行うには、遺言で遺言執行者を指定しておくことが有効です。また、弁護士など専門知識を有する第三者を遺言執行者として指定しておくことが望ましいといえます。

4) 後継者候補が複数人いる場合、事業承継時あるいは相続発生時の無用な争いを回避するために、経営者は発言権や決定権があるうちに、だれを後継者とするか、自社株や事業用資産を含めた相続財産をどのように相続人間で分割するかを明確にしておくことが必要です。

・解説と解答・

1）不適切である。本肢の記述は、公正証書遺言についての記述である（民法969条）。自筆証書遺言は、遺言者が遺言の全文、日付および氏名を自署し、押印して作成するもので、簡単に書くことができ、費用もかからず、他人に遺言内容が漏えいするおそれがないこと等が利点といえる。しかし、法律に定められた所定の形式を満たさない遺言は無効となり、紛失や偽造等の危険もあるため、相続紛争の防止という観点からは必ずしも十分とはいえない（同法968条）。

　なお、民法の一部改正により、自筆証書によって遺言をする場合でも、例外的に、自筆証書に相続財産の全部または一部の目録を添付するときは、その目録については自書しなくてもよいことになった（同法968条2項）。

2）適切である。生命保険の死亡保険金は、受取人の固有財産とされているため、後継者を死亡保険金受取人とした生命保険に加入することで、当該死亡保険金を代償分割財産とし、遺留分侵害への対応策とすることができる。

3）適切である（民法1006条）。

4）適切である。経営者の意思表示ができるうちに生前贈与や譲渡を行うことで、事業承継を見届けることができる。あるいは、信託スキームを活用することも有効である。

正解　1）

2－22　財産の大半が自社株と事業用資産で占められているケース

《問》E社（非上場会社）が抱えている問題に対する一般的な解決策の提案として次の記述のうち、最も不適切なものはどれか。

――〈設　例〉――

・E社の社長は67歳、妻はすでに他界し、長女（31歳）はE社に入社している。なお、社長には先妻との間に長男（39歳）がいる。
・長女の夫（34歳）は、結婚後E社に転職し、現在は後継者として専務取締役となっている。また、社長の養子となっている。
・E社の自社株評価は 6 億円で、社長が100％所有している。なお、E社の業績は好調で、自社株評価が10億円程度まで上がる可能性がある。
・本社、工場、倉庫、自宅の土地建物は、すべて社長名義となっている。
・社長が保有する個人金融資産は、E社株式を除くと 2 億円である。
・納税資金は、約4.2億円と試算される。
・社長は「自分の財産は長女と娘婿に残し、長男には現金を 1 億円程度あげればよい」と考えている。

1 ）E社には、納税資金の問題、遺留分侵害の問題などの検討課題が挙げられます。
2 ）仮に遺留分を算定するための財産の価額が12億円の場合、長男の遺留分が侵害される額は 1 億円となりますので、長男から遺留分侵害額請求があった場合には、長男の取り分を増額しなければならなくなります。
3 ）今後、自社株評価が上昇することが見込まれます。いまのうちに相続時精算課税制度を活用して自社株を娘婿に贈与しておけば、相続税の計算において、自社株評価は現状の評価額 6 億円で固定されますので、長男の遺留分は増額しません。
4 ）遺留分に関する民法の特例を適用すれば、自社株を後継者に生前贈与し、当該自社株は相続時の遺留分の範囲に含まれない、もしくは遺留分算定時の自社株評価が合意時の価額に固定され、その後の上昇分は遺留分に反映されないこととすることができ、相続時の争いを未然に回避することができます。

・解説と解答・

1）適切である。社長の個人金融資産は、E社株式を除いて2億円であることから、現時点で試算した納税資金4.2億円に満たず、納税資金対策を検討する必要がある。また、肢2）の解説のとおり、長男の遺留分を侵害する可能性があり、対応策を検討する必要がある。

2）適切である。本設例における社長の相続人は、長女、長男、娘婿（養子）の3人であるため、各相続人の遺留分割合は、2分の1に各法定相続分を乗じた割合となる。したがって、長男の遺留分侵害額は次の通りとなる（民法1042条）。

長男の遺留分侵害額：$12億円 \times \dfrac{1}{2} \times \dfrac{1}{3} - 1億円 = 1億円$

3）不適切である。相続税の計算上、相続時精算課税により贈与した自社株の評価額は、贈与時の価額である6億円となるが（相続税法21条の15）、民法における財産の配分という概念で遺留分侵害の議論をした場合には、相続発生時の時価がベースとなる（民法904条、1043条、1044条）。これは、娘婿が社長から自社株の贈与を受けたことが、民法903条の特別受益に当たると解されるためである。したがって、自社株評価が上昇していれば、長男に対してさらに資金を用意する必要がある。

4）適切である。遺留分に関する民法の特例を活用する際には、経済産業大臣の確認と家庭裁判所の許可が必要である。

正解　3）

2−23 多額の納税資金が見込まれるケース

《問》F社（非上場会社）が抱えている問題に対する一般的な解決策の提案として次の記述のうち、最も適切なものはどれか。

─〈設 例〉─

・F社は創業50周年を迎える老舗である。創業以来、収益は同業他社のなかでも際立って良好で、ここ3年は経常利益5億円を毎期計上している。

・創業社長（68歳）は、F社株式（譲渡制限株式）をすべて所有している。また、金融資産1億円のほか、自宅不動産を所有している。

・社長の妻はすでに死亡しており、子は長男（41歳）のみである。現在、専務取締役の長男は評判も良く、実力もあることから、F社の後継者として有力である。なお、長男には妻と子が1人いる。

1) F社のように非上場で業績が優良な会社は、一般に自社株評価が高くなります。自社株評価を軽減する方法として、会社の規模を小さくし、純資産価額方式の採用割合を高める対策が考えられます。

2) 養子縁組をすることにより相続人の数を増やせば増やすほど、その増えた人数分だけ遺産に係る基礎控除額が大きくなるため、相続税額を軽減することができます。

3) 相続税の納付に際して、譲渡制限株式も物納が認められていますので、F社株式も物納することができます。

4) 社長の死亡後3年以内に支給が確定した死亡退職金を遺族が受け取った場合は、相続税の計算上、「500万円×法定相続人の数」が非課税財産となります。

・解説と解答・

1）不適切である。自社株評価においては、一般に、類似業種比準方式の方が純資産価額方式よりも低い評価額となるため、会社の規模を大きくし、類似業種比準方式の採用割合を高める対策が考えられる。なお、類似業種比準方式による自社株評価は、類似業種の株価、配当比準、利益比準、純資産価額比準の各要素によって計算されるため、これらの要素を軽減することで類似業種比準価額が軽減される。

2）不適切である。遺産に係る基礎控除額の計算上の法定相続人の数に含めることができる養子の数は、相続税法上、実子がいる場合は1人まで、実子がいない場合は2人までに制限されている（相続税法15条2項）。

3）不適切である。譲渡制限株式、質権その他担保権の目的となっている株式等は、物納が認められていない（タックスアンサーNo.4214）。

4）適切である（タックスアンサーNo.4117）。

正解 4）

2 －24　先代経営者の個人保証・担保を外していないケース

《問》G社（非上場会社）が抱えている問題に対する一般的な解決策の提案として次の記述のうち、最も適切なものはどれか。

──〈設　例〉──

・G社の社長（60歳）は、10年前に先代（75歳）から経営権を委譲された。なお、現社長は先代の親族ではない。
・先代は、社長のときにG社の借入れに際して、金融機関に個人保証、個人財産による担保提供を行い、現在もそのままである。
・工場敷地などの事業用資産の所有名義が、経営に関与していない先代名義のままになっている。
・現社長が、金融機関から多額の事業資金の融資を受ける際、先代が連帯保証人となった。
・先代は、G社株式の80％を所有している。なお、先代には妻と子が1人いる。

1）G社の場合、先代の個人財産による担保を解除する交渉を金融機関とする、あるいは先代名義の事業用資産をG社が買い取るなどの措置を早急に講じる必要があります。

2）G社の場合、先代が自社株をそのまま持ち続けて、株主の立場を継続しているが、これは資本と経営を分離したにすぎず、特に問題が発生することはありません。

3）仮に先代が保証債務を負ったまま亡くなり、相続が開始した場合、原則として、当該保証債務は相続財産から控除することができます。また、保証債務の額が先代の個人資産額を超えている場合は、相続人は相続の放棄をすることによって保証債務の引継ぎを回避することができます。

4）連帯保証債務の場合、一般に、主たる債務者の金銭消費貸借契約書に連名で署名するのみで、連帯保証人の手元には連帯保証債務の記録がいっさい残らないため、連帯保証人の相続人がその存在に気づかずに相続した後に債権者から請求を受けることがあります。

・解説と解答・

1) 適切である。

2) 不適切である。先代が死亡し、相続人（先代の妻子）に株式が渡った場合、株主総会の運営や株式の買取交渉などが難航する可能性も考えられる。

3) 不適切である。原則として、保証債務は債務控除の対象とはならない。ただし、主たる債務者が弁済不能の状態にあるため、保証人が当該債務を履行しなければならない場合で、かつ、主たる債務者に対して求償権を行使しても弁済を受ける見込みのない場合には、その弁済不能部分の金額については債務控除の対象となる（タックスアンサーNo.4126）。なお、相続人は相続の放棄により保証債務の引継ぎを回避することができるが、G社の事業承継も放棄することにもなるため注意が必要である。

4) 不適切である。実務上は、契約書に署名した主たる債務者、連帯債務者に対して金銭消費貸借契約書の控え（コピー等）を交付するのが一般的である。したがって、連帯保証人の手元には連帯保証債務の記録がいっさい残らないということは考えにくい。

正解　1)

2−25 後継者が不在のケース

《問》H社（非上場会社）が抱えている問題に対する一般的な解決策の提案として次の記述のうち、最も不適切なものはどれか。

───〈設 例〉───

・H社は、優れた技術力をもつ優良な中小企業である。
・社長（69歳）には、長男（40歳）と長女（37歳）の2人の子がいるが、子供たちは事業を承継する意思はまったくない。
・従業員の生活もあり、また優れた技術の承継のためにも、社長は事業を継続したいと考えている。

1）MBO（マネジメント・バイ・アウト）は、会社の経営陣が、事業の継続を前提として、オーナー等から株式を取得して経営権を取得する手法です。

2）経済産業局が中心となって商工会議所や地域金融機関、公認会計士・税理士などの幅広い支援機関からなる中小企業支援ネットワークが構築され、巡回対応相談員等が顧客の要望を汲み取り、開業希望者が後継者不在の事業を引き継げるような支援が行われています。

3）M&Aは、後継者難や事業の先行き不安などを抱える中小企業において事業承継の一手法として考えられます。M&Aの代表的な手法としては、株式譲渡、事業譲渡、会社分割、株式交換、合併などがあります。

4）最終的に社内にも社外にも承継者が見当たらない場合、残念ながら廃業を余儀なくされます。株式会社を解散する場合、株主総会の普通決議を行い、その後、債務の弁済をし、残余財産を確定させ、その残余財産を株主に返還する作業（清算）が必要になります。

・解説と解答・

1）適切である。

2）適切である。

3）適切である。

　〈M＆Aのメリット〉

　・従業員の雇用が存続される。

　・身近に後継者として適任な者がいない場合でも、広く候補者を外部に求めることができる。

　・現経営者が、会社売却の利益を獲得できる。

　〈M＆Aのデメリット〉

　・希望の条件（従業員の雇用、価格等）を満たす買手を探し出すのが困難である。

　・経営の一体性を保つのが困難である。

4）不適切である。株式会社を解散するには、株主総会の特別決議が必要である（会社法309条2項11号、471条3号）。

正解　4）

2 −26　事業承継が困難なケース

《問》 I 社（非上場会社）が抱えている問題に対する一般的な解決策の提
　　案として次の記述のうち、最も不適切なものはどれか。

───────〈設　例〉───────

・I 社は、中規模の旅館を経営している。
・老舗旅館ではあるが、直近の決算では売上高 5 億円と最盛期の半
　分以下、借入金残高は年商の 3 倍まで膨れ上がり、過剰債務状態
　にある。
・社長（69歳）には、後継者として長男（39歳）がおり、事業再生
　をして、なんとか事業を継がせたいと考えている。

1 ）事業再生スキームの 1 つである第二会社方式とは、財務状況が悪化
　　している事業のうち、優良な部分や将来有望な事業を切り離して別
　　の会社に承継させ、残った不採算部門のある旧会社を特別清算また
　　は破産手続により事業の再生を図る方式です。
2 ）第二会社方式による事業再生においては、会社分割方式と事業譲渡
　　方式がよく活用されており、両者は、債権者保護手続、労働者保護
　　手続の面では全く同じです。
3 ）中小企業活性化協議会は、商工会議所などが主体となって各都道府
　　県に 1 カ所ずつ設置され、様々な手法を駆使して企業の再生を支援
　　する、産業競争力強化法に基づく公的機関です。金融機関に対する
　　強制力はないものの、事業承継を絡めた事業再生等の相談をするの
　　に適した機関といえます。
4 ）事業再生を主眼とするファンドには、中小企業基盤整備機構がファ
　　ンド総額の半分まで出資し、残りを複数の金融機関などが出資する
　　官民ファンドがあります。

・解説と解答・

1）適切である。第二会社方式は、会社やその事業を抜本的に再生させる手法であり、最近では中小企業活性化協議会における再生手法も、この方式を利用することが多い。なお、第二会社方式による事業再生でよく活用されている方法として、会社分割方式と事業譲渡方式がある。

2）不適切である。両者は、債権者保護手続、労働者保護手続および対価の支払の面などで異なっている。

　会社分割方式とは、会社の事業の一部をほかの会社に承継させ、その対価として承継会社の株式の交付を受ける方式である。承継会社の代表者に後継者を据え、分割会社が交付を受けた承継会社の株式を後継者に売却することにより事業承継を行うことができる。また、事業譲渡方式とは、会社の優良な事業資産を切り離して新たに設立した第二会社に譲渡し、旧会社には借入金だけを残して清算させる方式である。第二会社の代表者に後継者を据え、第二会社の資本金を後継者が拠出することで実権を握らせ、事業承継を行うことができる。

3）適切である。

4）適切である。中小企業基盤整備機構では、中小企業の再生支援を目的としたファンドへの出資を通じ、事業再生に取り組む中小企業の再生支援を行っている。民間の投資会社、地域金融機関、信用保証協会、事業会社等と共に中小企業再生ファンドを組成し、中小企業基盤整備機構は、有限責任組合員として、ファンド総額の2分の1内を出資している。

正解　2）

2 −27　事業承継計画の立案

《問》事業承継計画の立案に関する次の記述のうち、最も不適切なものは
どれか。

1 ）事業承継計画の作成時には、自社の過去・現在・将来の分析、課題
発掘、事業承継の時期や方法、会社の中長期目標、経営者および後
継者等の個人に関する課題などを考慮すべきである。

2 ）事業承継計画の作成と同時に、経営者の経営理念を明文化すること
で後継者や次世代の経営幹部たちと、志や目標を共有化することが
できる。

3 ）事業承継計画は、法人および個人両方を全体から見ることのできる
事業承継の専門家への相談とともに、後継者以外の相続人や古参の
社員や役員の処遇も考慮したうえで作成したほうがよい。

4 ）会社の取引先や金融機関等に対しては、事業承継後も良好な関係が
継続できるように、たとえ事業承継の方向性が不確定な段階であっ
ても、できるだけ早い段階で経営者の意向を伝えなければならな
い。

・解説と解答・

1 ）適切である。

2 ）適切である。

3 ）適切である。

4 ）不適切である。事業承継の方向性が不確定の段階で取引先に対して話をす
ると、かえって無用の混乱を招くことにもなるので、事業承継の方向性を
しっかりと定めた後に説明するほうが望ましいといえる。

正解　4 ）

2-28 事業承継対策の実行・アフターフォロー

《問》事業承継対策の実行・アフターフォローに関する次の記述のうち、最も不適切なものはどれか。

1）株式や財産の分配には、種類株式の活用や生前贈与、遺言（遺言信託）などを利用することが有効である。

2）従業員等へ事業を承継する場合、親族内承継と比べて関係者の理解を得るのに時間がかかる場合もあるため、後継者の経営環境の整備に特に留意する必要がある。

3）事業は継続したいが親族や社内等に適切な後継者が見当たらない場合、事業譲渡も選択肢の1つとなる。その際、「事業譲渡に伴う労働契約の承継等に関する法律」によって従業員の雇用の確保が保障されている。

4）事業承継計画の策定後は、そのスケジュールどおりに実行していくことになるが、経営環境は日々変化し、計画策定段階では想定できなかった不測の事態が突発的に生じることもある。そのため事業承継の実現には、定期的なアフターフォローが重要になる。

・解説と解答・

1）適切である。

2）適切である。

3）不適切である。会社分割の場合は、「会社分割に伴う労働契約の承継等に関する法律（労働契約承継法）」によって分割会社の労働者の保護が図られているが、事業譲渡に同法の適用はない。また、「事業譲渡に伴う労働契約の承継等に関する法律」という法律は実在しない。

4）適切である。

正解 3）

2－29　事業承継コンサルティングから波及する各種取引

《問》事業承継コンサルティングから波及する各種取引に関する次の記述
のうち、最も不適切なものはどれか。
1）自社株を相続した後継者が相続税の納税資金を捻出する有効な手段
の1つとして金庫株制度（自己株式取得）があり、一定の要件を満
たすことで、租税特別措置法の特例の適用を受けることができる。
また、会社に自己株式取得のための資金がない場合は、融資取引に
発展する可能性がある。
2）事業承継対策として、契約者（＝保険料負担者）および保険金受取
人を法人、被保険者を経営者とする生命保険に加入した場合、経営
者が死亡したときに支払われる死亡保険金を死亡退職金として遺族
に支給することはできない。
3）遺言信託は、遺言者の意向を確実に実現するための有効な手段であ
ると同時に、受託する金融機関にとっては、一定の手数料を収受で
きるほか、顧客の財産を把握することができ、新たな取引につなが
る可能性がある。
4）金融機関がM＆A仲介業務に携わるメリットとして、M＆A関連資
金の融資、売買に伴う預金獲得、仲介手数料収入や顧客との信頼関
係構築等が挙げられる。

・解説と解答・

1）適切である。個人株主が所有する株式を発行会社に譲渡した場合は、原則
として、株式の譲渡価額と当該株式に対応する税務上の資本金および資本
準備金の合計額（以下、「資本金等の額」という）との差額については配
当所得（総合課税）となり、資本金等の額と取得価額の差額については譲
渡所得（申告分離課税）となる（所得税法25条1項5号、租税特別措置法
37条の10第1項）。ただし、相続税負担のある株主が、同相続または遺贈
により取得した非上場株式を、当該相続の開始があった日の翌日から相続
税申告書の提出期限の翌日以後3年を経過する日までの間に発行会社に譲
渡した場合は、譲渡価額が譲渡した株式に対応する資本金等の額を超える
ときであっても、その超える部分の金額は所得税法25条に定める配当所得
とはみなされず、譲渡価額の全額が譲渡所得（申告分離課税）とされる特

例がある（租税特別措置法9条の7第1項、2項）。

2）不適切である。契約者（＝保険料負担者）および保険金受取人を法人、被保険者を経営者とする生命保険に加入した場合、経営者が死亡したときに支払われる死亡保険金は、事業保障資金の確保や、死亡退職金の支給、自己株式の取得資金等に活用することができ、その資金使途は定められていない。

3）適切である。

4）適切である。

正解　2）

2－30　事業承継コンサルティングに伴う取引深耕・拡大

《問》事業承継コンサルティングに伴う取引深耕・拡大に関する次の記述
のうち、最も不適切なものはどれか。
1) 事業承継支援は、後継者を含めた経営者一族との信頼関係が深まる
だけでなく、従業員や取引先など、多くの関係者との出会いにつな
がることから、金融機関にとっては重要な新規開拓や既存取引の深
耕のためのツールとも捉えることができる。
2) 事業承継を通じてメインバンクの地位を確立した金融機関において
は、分散した自社株を会社あるいは経営者が第三者から買い取る場
合、株式の売却に応じた第三者との個人取引に発展することもあ
る。
3) 事業承継期には、メインバンクもそのまま引き継がれる。
4) 多額の納税資金負担を見越して、後継者が受け取る給与の増額を提
案する場合、将来の納税資金負担に備えるための資金なので、給与
振込口座からの自動引落しによる積立定期預金の活用等を併せて提
案するとよい。

・解説と解答・

1) 適切である。
2) 適切である。
3) 不適切である。事業の承継期において、取引先の経営者が、金融機関には
相談しずらい事業承継問題について悩み始める中、取引先の事業承継問題
の相談に応じることができれば、金融機関の取引順位の交代が起きる可能
性がある。
4) 適切である。

正解　3)

第3章

M&A基礎知識・関連会計

3－1　中小企業における事業承継の選択肢（各手法のメリット）

《問》中小企業の事業承継問題を解決する手法に関する次の記述のうち、最も不適切なものはどれか。

1）一般に、相続等により親族に経営権を承継する場合、ほかの手法に比べ、金融機関の理解を得られることは少ないが、取引先や従業員からの理解は得られやすい。

2）一般に、親族以外の従業員等に対して経営権を承継する場合のメリットとして、企業文化の維持がしやすいという点が挙げられる。

3）一般に、親族への承継が予定されている場合には、経営の中継ぎとしてふさわしい人材を外部から招へいすることも有効な手法といえる。

4）一般に、M＆Aによって事業承継を行うメリットとして、買手企業の事業と関連性の高い事業を行う企業の経営資源を有効に活用できるという、シナジー効果が挙げられる。

● 解説と解答 ●

1）不適切である。一般に、後継者に相当の問題がなければ、金融機関の理解も得られる。

2）適切である。

3）適切である。

4）適切である。

正解　1）

3-2 中小企業における事業承継の選択肢（各手法のデメリット）

《問》中小企業の事業承継問題を解決する手法に関する次の記述のうち、最も不適切なものはどれか。

1）一般に、親族以外の従業員等に対して経営権を承継することを検討する場合、承継する従業員等に株式を取得する資力があるかどうかが大きな課題となる。

2）一般に、後継者を社外から招へいして事業を承継する場合のデメリットとして、株主や社員との衝突、経営環境の変化等により、十分な経営力を発揮できないことが起こりうる点が挙げられる。

3）一般に、M&Aは、相手先の探索等に時間がかかる場合があるものの、条件等を譲歩すれば、実現が保証されている承継手法といえる。

4）一般に、後継者不在等により廃業を選択することは、経営者にとっては時間をかけずに実行できるが、金融機関、取引先、従業員等にとっては、多大な影響を受けることになる。

・解説と解答・

1）適切である。
2）適切である。
3）不適切である。M&Aは第三者との交渉であり、必ずしも実現が保証されるものではない。
4）適切である。

正解　3）

3－3　中小企業における事業承継の選択肢（その他）

《問》非上場の中小企業における事業承継に関する次の記述のうち、最も
　　不適切なものはどれか。
　1）中小企業が、安易に廃業を選択すると、技術力やノウハウなどは活
　　　用されず、当該企業がある地域の経済活動全体の活力低下につなが
　　　る。
　2）従業員への事業承継は、その他の従業員や金融機関からの理解を得
　　　やすく、企業文化の維持も望める手法である。
　3）法定相続人が後継者となり事業を承継する場合は、親族以外の者が
　　　事業を承継する場合に比べて、一般に、所有と経営を一致させるの
　　　が難しい。
　4）非上場の中小企業においては、M＆Aの手法を用いた事業承継が考
　　　えられるが、この手法は、第三者との交渉が必要であり、適切な相
　　　手が見つけるのが難しいこともある。

・解説と解答・

1）適切である。高い技術力やノウハウのある企業が安易に廃業を選択する
　　と、当該企業がある地域の経済活動全体の活力低下につながる可能性があ
　　る。
2）適切である。
3）不適切である。法定相続人が後継者となり事業を承継する場合は、相続等
　　により財産や株式を移転できるため、親族以外の者が事業を承継する場合
　　に比べて、所有と経営を一致させやすい。
4）適切である。

正解　3）

3－4　M＆Aにおける第三者への事業承継のメリット・デメリット①

《問》事業承継を目的としたM＆Aのメリットに関する次の記述のうち、最も不適切なものはどれか。なお、経営者は同時に株主であるものとする。

1）経営者は創業者利潤の獲得が期待できる。

2）経営者は一定の引継ぎ期間を終え引退すれば、セカンドライフのための時間を獲得することができる。

3）一般に、従業員の雇用を継続することができる。

4）相手方との交渉手続が容易であり、短期間で確実に事業承継問題を解決できる。

・解説と解答・

1）適切である。株式譲渡等によるM＆Aを実行すると、株主である経営者は、株式の譲渡対価を受領することができ、創業者利潤を獲得することとなる。

2）適切である。株式譲渡等によるM＆Aを実行すると、経営者は、第三者に事業を引き継ぐことになるため、一定の引継ぎ期間を終えて引退すれば、安心してセカンドライフを過ごすための時間を得ることとなる。

3）適切である。中小企業のM＆Aにおいては、株式譲渡契約書のなかで従業員の雇用の存続と雇用条件の維持が定められることがほとんどであり、M＆Aによって従業員の雇用は維持されることが一般的である。

4）不適切である。M＆Aは第三者との交渉であるため、成約までの期間は不確定であり、常に短期間での実現が約束されるわけではない。

正解　4）

3－5　M＆Aにおける第三者への事業承継のメリット・デメリット②

《問》非上場の中小企業が、株式譲渡によるM＆Aによって第三者へ事業
を承継する場合に関する次の記述のうち、最も不適切なものはどれ
か。
1）M＆Aの契約においては、一般に、契約当事者が、M＆Aの契約の
前提となる特定の事項について、当該事項が真実かつ正確であるこ
とを表明して保証する表明保証責任を負うことが多い。
2）M＆Aの実務においては、一般に、買手企業が売手企業に対し買収
監査（デューデリジェンス）を実施し、公認会計士や弁護士等から
監査結果を受領したうえで、M＆Aの契約締結を判断するため、M
＆Aの契約成立後に当該買収監査の際に売手企業が開示した資料に
誤りがあったとしても、売手側が損害賠償責任を負うことはない。
3）M＆Aのメリットの1つとして、経営者が株式譲渡に伴う利益を享
受できることが挙げられる。
4）M＆Aの課題の1つとして、一般に、売手企業の希望の条件（株式
の買収価格等）を満たす買手企業をみつけるのが難しいことが挙げ
られる。

・解説と解答・

1）適切である。
2）不適切である。買手企業は、売手企業から提示を受けた情報や資料を前提
としてM＆Aに関する意思決定を行う。そのため、契約の前提となる特定
の事項についての表明保証責任や、違反した場合のペナルティとしての損
害賠償責任を負うのが一般的である。
3）適切である。
4）適切である。

<u>正解　2）</u>

3－6　中小企業M&Aの動向と現状

《問》中小企業M&Aの動向と現状に関する次の記述のうち、最も不適切なものはどれか。

1）国内の中小企業M&Aマーケットは、一般に、経営者の高齢化や後継者不在等を背景として、成約件数等を含め拡大傾向にあるといえる。

2）国内の中小企業M&Aマーケットにおいては、現状、売手企業数が圧倒的に多く、買手市場にあるといえる。

3）非上場の中小企業では、上場企業のように公認会計士による決算書の法定監査を受けることが一般的ではないため、決算書の信頼性が必ずしも高いとはいえない。

4）中小企業M&Aの課題として、事業承継が他の経営課題より後回しにされがちなほか、所在不明株主の株式の買取り、M&A支援機関への不信などが指摘されている。

・解説と解答・

1）適切である。

2）不適切である。国内の中小企業M&Aマーケットにおいては、買手企業数が圧倒的に多く、売手企業数の数倍規模で存在し、売手市場の状況にある。ただし、今後のさらなるM&Aマーケットの活性化により状況が変わり、売手企業が増加することが予測されている。

3）適切である。

4）適切である（「中小M&A推進計画」の主な取組状況（中小企業庁））。

正解　2）

3－7 Ｍ＆Ａ当事者の課税関係①

《問》Ｍ＆Ａに関する次の記述のうち、最も不適切なものはどれか。

1）のれんが生じるような事業譲渡を実行した場合、のれん部分は、無形固定資産として消費税の課税対象資産となる。

2）100％支配関係のある法人間で合併する場合、「株式以外の資産が交付されないこと」「100％支配関係が継続すること」を充足することで、税制適格要件を満たす。

3）個人株主の株式譲渡所得は「株式譲渡収入－（株式の取得費＋委託手数料等）」により算出するが、取得費については、実際の取得費と株式譲渡収入×５％のいずれか有利な方を選択することができる。

4）税務上の損金となる役員退職金の計算方法として一般的な功績倍率法は、「退任役員の最終報酬年額×役員在任年数×功績倍率」により算出する。

・解説と解答・

1）適切である（消費税法２条１項８号、４条、同法施行令２条１項２号、４号）。

2）適切である。税務上、合併、会社分割等の組織再編の場合、含み益のある資産の移転に伴い譲渡益を認識し、課税することを原則としている。しかし、組織再編の中には、グループ内の再編や共同事業を営むための再編等、譲渡益を認識することが適当でない場合がある。そのため、一定の場合（税制適格再編）には、資産の移転が行われた場合であっても、当該含み益に課税しないこと、すなわち、簿価での資産移転が認められている（法人税法62条の２、62条の３、62条の４）。この税制適格再編の要件として、100％支配関係のある法人間での合併の場合は、「株式以外の資産が交付されないこと」「100％支配関係が継続すること」を充足する必要がある（同法２条１項12の８号）。

3）適切である（タックスアンサーNo.1463、1464）。

4）不適切である。一般的に功績倍率法は「退任役員の最終報酬月額×役員在任年数×功績倍率」により算出する（法人税法基本通達９－２－27の３）。なお、退職した役員が、一定期間だけ業務引継ぎのために会社に顧問等と

して残るケースがよくあるが、役員退職金を損金算入するためには、経営
上の主要な地位等から外れることが必須となる。実態として、経営上の主
要な地位から外れていないと判断された場合、譲渡企業側では全額が役員
賞与扱いとなり、損金不算入および源泉徴収漏れとなり、受け取る役員側
でも給与所得扱いとされるため注意が必要である。

<u>正解　4）</u>

3－8 M＆A当事者の課税関係②

> 《問》M＆Aに関する次の記述のうち、最も不適切なものはどれか。
> 1）事業の一部の切離し手法として、事業譲渡と会社分割があるが、両者のうち消費税の課税が生じうるのは事業譲渡のみである。
> 2）株式譲渡契約書は印紙税法上の課税文書に該当しないため印紙が不要であるが、事業譲渡契約書は課税文書に該当するため印紙が必要である。
> 3）非適格組織再編や事業譲渡の際に生じる資産調整勘定は、通常、60カ月で均等に償却する。
> 4）M＆A実行のタイミングで代表取締役が非常勤取締役になった場合は、実質的に退職したと同様の状態にあるとはみなされず、その役員退職金を支給した法人において当該役員退職金支給額を損金計上することはできない。

・解説と解答・

1）適切である。事業譲渡は、税務上、個々の資産および負債の売却に当たり、消費税の課税対象となる場合がある（消費税法2条1項8号、4条、同法施行令2条1項2号、4号）。

2）適切である。事業譲渡契約書は、印紙税法上の1号文書に該当する。

3）適切である。従来は、その事業年度の月数/60カ月（みなし事業年度等でない限り12/60となる）で償却していたが、2017年税制改正により、5年間にわたる月割計算（60月）で償却することとなった（法人税法62条の8）。

4）不適切である。分掌変更により役員としての地位や職務の内容が激変し、実質的に退職したと同様の状態にある場合に役員退職金として支給したものは役員退職金として扱うことができ、その役員退職金の額が確定した事業年度において損金計上する。ただし、未払金計上したものは原則として役員退職金に含まれない。例えば、常勤役員から非常勤役員になったとき、取締役から監査役になったとき、分掌変更後の役員報酬が50％以上減少したとき等は、実質的に退職したと同様の状態にあると認められ、支給された役員退職金は損金計上することができる。本肢の場合は、常勤役員から非常勤役員となっているため、代表権がなく、実質的に経営上の主要

な地位になければ、役員退職金支給額を損金計上することができる可能性が高い（タックスアンサー№.5203）。　　　　　　　　　　　<u>正解　4）</u>

3－9　事業承継やＭ＆Ａにおける初期相談と提案

《問》事業承継やＭ＆Ａにおける初期相談と提案に関する次の記述のうち、最も不適切なものはどれか。

1）後継者が不在の企業では、一般に、経営者に子がいない、または子がいても親の事業を継ぎたがらないというケースが多いが、最近では、子に負担を掛けたくないというケースも増加している。

2）事業承継やＭ＆Ａにおける初期相談において、売手企業の売りたいというニーズは外部に慎重に相談するが、買手企業の買いたいというニーズについての相談はしやすい傾向にある。

3）中小企業の経営者は、事業承継を含めたＭ＆Ａに関する相談を、まずはメインバンクである金融機関に相談するケースが多い。

4）地域金融機関がＭ＆Ａ案件を取り扱う場合は、地域固有の事情や地域にゆかりの深い業界などが存在し、地縁の強さゆえの問題が生ずる可能性があるため、地元企業に対する適切な配慮を怠ってはならない。

・解説と解答・

1）適切である。

2）適切である。

3）不適切である。中小企業の経営者の中には、金融機関に会社を売りたいという趣旨の相談をすると、融資が引き上げられるのではないかと懸念する経営者が少なくないため、金融機関としてＭ＆Ａに対応できる機能があることを、金融機関側から積極的に宣伝や提案をする必要がある。

4）適切である。

<u>正解　3）</u>

3 － 10　M ＆ A における企業価値評価（企業価値評価方法の類型①）

《問》非上場企業の企業価値の評価方法に関する次の記述のうち、最も適
切なものはどれか。
1）企業価値の形成要因は評価対象企業によってさまざまであり、か
つ、評価方法にはそれぞれ長所や短所がある。したがって、企業価
値評価を実施するにあたっては、評価対象企業の価値形成要因を考
慮のうえ、最も適切な 1 つの方法を用いて評価する必要がある。
2）ネットアセット・アプローチによる企業価値評価は、帳簿上の純資
産を基礎として、一定の時価等に基づく修正を行うため、帳簿が適
正に作成され、時価等の情報を容易に取得できる状況であれば、客
観性に優れているといえる。一方、一時点の純資産に基づいた企業
価値評価を前提とするため、のれん等が適正に計上されていない場
合には、将来の収益能力の反映は難しいといえる。
3）成長企業では、ネットアセット・アプローチによる企業価値評価が
過大評価となる可能性があり、衰退基調にある収益性の低い企業で
は、ネットアセット・アプローチによる企業価値評価が過小評価と
なる可能性がある。
4）企業価値評価アプローチのうち、インカム・アプローチとは、評価
対象企業の貸借対照表に記載されている純資産に着目して価値を評
価する方法をいい、ネットアセット・アプローチとは、評価対象企
業が将来生み出す利益やキャッシュ・フローに基づいて価値を評価
する方法をいう。

・解説と解答・

1）不適切である。評価対象企業の価値形成要因が単純ではなく、それを評
価する方法として特定の評価方法が適切であると判断できない場合は、複数
の評価方法を採用し、併用方法または折衷法のいずれかにより総合的に評
価を行う必要がある。
2）適切である。

3) 不適切である。ネットアセット・アプローチによる企業価値評価におい
て、成長企業では、将来の収益獲得能力を適正に評価することができず過
小評価になる可能性があり、衰退基調にある収益性の低い企業では、過大
評価となる可能性がある。

4) 不適切である。企業価値評価アプローチのうち、ネットアセット・アプ
ローチとは、評価対象企業の貸借対照表に記載されている純資産に着目し
て価値を評価する方法をいい、インカム・アプローチとは、評価対象企業
が将来生み出す利益やキャッシュ・フローに基づいて価値を評価する方法
をいう。

正解　2）

3−11　M＆Aにおける企業価値評価（企業価値評価方法の類型②）

《問》企業価値評価方法に関する次の記述のうち、最も不適切なものはどれか。

1) インカム・アプローチであるフリー・キャッシュ・フロー（FCF）法は、将来の予測に基づいた評価方法であり、経営計画が不確実な中小企業においては、採用が難しい方法であるといえる。

2) マーケット・アプローチである類似上場会社法は、評価対象企業の類似上場企業の市場価値から評価する方法であり、評価対象企業の規模等にかかわらず、客観性の高い評価方法といえる。

3) ネットアセット・アプローチである時価純資産法は、企業の静的価値に着目した方法であり、評価対象企業の時価純資産価額を算定し、これを企業価値とみなす方法である。

4) 企業価値の各評価方法は、それぞれの目的に応じて使い分けられ、場合によっては2以上の方法を組み合わせて算定することもある。

・解説と解答・

1) 適切である。フリー・キャッシュ・フロー（FCF）法とは、企業が将来生み出すフリー・キャッシュ・フローの総合計を現在価値に割り引くことにより、その企業の株式価値を算定し、企業価値とみなす方法であり、DCF法とも呼ばれる。FCF法に基づいて企業価値を算定するには、その企業の中期経営計画等に基づく将来のフリー・キャッシュ・フローの予測が必要となるため、経営計画が不確実な中小企業の企業価値評価には、あまり用いられない。

2) 不適切である。評価対象企業が上場企業に匹敵する程度の事業規模であるとともに事業内容や財務内容で類似する上場企業が存在する企業の評価にあたっては客観性が高いといえるが、ニッチな業種や新しいビジネスモデルの場合は、類似企業としてふさわしい企業の選定が、実務上困難なケースが多い。

3) 適切である。

4) 適切である。

正解　2)

3-12 M&Aにおける企業価値評価（時価純資産法）

《問》企業価値評価方法に関する次の記述のうち、最も不適切なものはどれか。

1）毎年期限までに税務申告書を税務署に提出しており、これまで特段の指摘を受けていない中小企業の場合、決算書は適切に企業の経済的実態を反映しているといえるため、簿価純資産と時価純資産が乖離することは少ない。

2）簿価純資産を時価純資産に評価し直す項目の中には、保険積立金を解約返戻金で評価したり、退職給付引当金を従業員がその時点で退職したと仮定した際に支払う退職金額で評価したりと、現時点においてはその発生を予定していない項目も含まれる。

3）時価純資産法の問題点として、将来の収益性は考慮されない点が挙げられる。そこで実務上、将来の収益性を表現するために営業権を算定し、時価純資産に営業権を加味した価額を用いることが多い。

4）近年赤字が続いている会社であっても、過去の利益が蓄積され多額の純資産が計上されている場合、時価純資産法では高く評価されてしまうため留意が必要である。

• 解説と解答 •

1）不適切である。中小企業は税務申告書をベースにして決算書を作成していることが多く、必ずしも企業の経済的実態や含み損益を反映しているとはいえない。そのため簿価純資産と時価純資産が乖離することは十分考えられる。

2）適切である。

3）適切である。

4）適切である。

<u>正解　1）</u>

3 －13　M＆Aにおける企業価値評価（営業権）

《問》企業価値評価方法に関する次の記述のうち、最も不適切なものはどれか。
1 ）営業権の算定方法のうち、年買法とは、営業利益などの基準利益に 3 年や 5 年といった一定の年数を乗じて営業権を算定する非常にシンプルな方法である。
2 ）営業権の算定方法のうち、超過収益還元法とは、評価対象企業の利益から非経常的な損益等を除外した正常利益を算出し、時価ベースの総資産価額に期待される投資利回りを乗じた期待利益を正常利益から控除した額を超過利益とみて、この超過利益を資本還元率で資本還元して営業権を算定する方法である。
3 ）中小企業の企業価値評価において超過収益還元法により営業権を算定する場合は、オーナー企業特有の事象についても調整を行う必要がある。
4 ）企業価値評価方法のうち、ディスカウンテッド・キャッシュ・フロー法（DCF法）は、見積もりに基づいて企業が将来生み出すキャッシュ・フローの情報を算出していることから、客観性に欠けて投資対効果の測定方法として重要な意思決定情報とはなりえない。

・解説と解答・

1 ）適切である。
2 ）適切である。
3 ）適切である。たとえば、社長が使用している高級車が会社資産の場合は減価償却費を利益から控除したり、M＆A実行後は役員保険料が発生しなくなることから、保険料相当額を利益から控除する必要がある。
4 ）不適切である。DCF法は、損益情報をキャッシュ・フロー情報に変換する過程で、減価償却費や減損損失、引当金繰入額など、会計上の見積もり要素を加味して計算される。そのため、数値の客観性や検証可能性が高まることから、投資対効果の測定には重要な意思決定情報となり得る。

<u>正解　4 ）</u>

3－14　M＆Aにおける企業価値評価（営業権の算定）

《問》下記の〈条件〉に従って算出したM＆Aにおける営業権の価額として、次のうち最も適切なものはどれか。なお、営業権は、「年数×｛正常利益－時価総資産価額×（10年国債利回り＋リスクプレミアム)｝」で算出されるものとし、年数については3年とすること。

〈条件〉
・正常利益：3,000万円
・時価総資産価額：2億4,000万円
・時価純資産価額：4,000万円
・10年国債利回り：2％
・リスクプレミアム：3％

1）5,400万円
2）6,840万円
3）7,560万円
4）8,400万円

● 解説と解答 ●

3年×｛3,000万円－2億4,000万円×（2％＋3％)｝＝5,400万円

正解　1）

3 −15　Ｍ＆Ａに関する税務①

《問》Ｍ＆Ａに係る会計・税務に関する次の記述のうち、最も適切なものはどれか。

1 ）Ｍ＆Ａの株式譲渡スキームにおいて、株式の譲渡対価の一部を、税務上認められる範囲内で前経営者の役員退職金として支給する場合、売手企業においては全額株式譲渡対価とする場合に比べて、必ず税務上有利となる。

2 ）Ｍ＆Ａの株式譲渡スキームにおいて、株式の譲渡対価の一部を、税務上認められる範囲内で前経営者の役員退職金として支給する場合、買手企業においては、役員退職金支給額相当分が株式の譲渡対価から減額されることになるものの、対象企業の財産が同額減少されることにもため、全額株式譲渡対価とする場合に比べて特段の経済的メリットはないといえる。

3 ）Ｍ＆Ａの株式譲渡スキームにおいて、株式の譲渡対価の一部を、税務上認められる範囲内で前経営者の役員退職金として支給する場合、退職した前経営者は、経営上の主要な地位から名目上外れていれば、実質的に経営上の主要な地位にあったとしても、税務上特段のリスクはないといえる。

4 ）Ｍ＆Ａの株式譲渡スキームにおいて、株式の譲渡対価の一部を、税務上認められる範囲内で前経営者の役員退職金として支給する場合、どの程度を退職金として支給するかにより売手企業の手取額および買手企業の支出額が変わってくることから、その支給額が争点になるケースもある。

・解説と解答・

1 ）不適切である。退職所得に係る税率は累進税率であるため、一定額の支給までは、株式の譲渡所得に係る税率を下回る税率で課税されるものの、必ずしも有利とは限らない。

2 ）不適切である。役員退職金を支給することによって、支給額に相当する額を損金計上することができ、対象企業の課税所得を圧縮できることから、買手企業においても、間接的に節税メリットを受けることができる。

3 ）不適切である。実質的に経営上の主要な地位から外れていなければ、たと

え名目上外れていたとしても、税務上は退職の事実があったとはみなされ
ず、役員退職金の支給として認められず、役員退職金支給額相当額を損金
計上することができない可能性がある。
4）適切である。

正解　4）

3－16　М＆Аに関する税務②

《問》次のМ＆Аに関する税務に関する次の記述のうち、最も不適切なものはどれか。

1）個人が相続により取得した株式をМ＆Аで譲渡した場合、株式譲渡所得の計算上、当該株式の取得費はその相続の際に計算した相続税評価額を用いる。

2）個人が同一年中に非上場株式と上場株式を譲渡し、非上場株式に譲渡益が生じ上場株式に譲渡損が生じた場合は、これらの損益を通算して譲渡所得を計算することはできない。

3）法人株主が配当金（みなし配当）を受け取った場合、一定の要件を満たすことで受取配当等の益金不算入制度の適用を受けることができる。

4）退職所得は「（収入金額－退職所得控除額）×1／2」により算出するが、役員退職金の支給を受ける役員の勤続年数が5年以下の場合、前述の計算式のうち1／2を乗じることができない。

・解説と解答・

1）不適切である。相続や贈与により取得した株式は、被相続人または贈与者の取得費を引き継ぐ（タックスアンサーNo.1464）。

2）適切である。非上場株式の譲渡損益と上場株式の譲渡損益は、通算することはできない（タックスアンサーNo.1465）。ただし、非上場株式の譲渡益とほかの非上場株式の譲渡損、上場株式の譲渡益とほかの上場株式の譲渡損は通算することができる。

3）適切である。法人株主が配当金（みなし配当）を受け取った場合には、これらは課税済の利益から支払われ、支払法人との二重課税を防止する観点から「受取配当等の益金不算入」という制度があり、М＆А前の事前の株価軽減手法等として有効となりうる。受取配当が益金不算入となる割合は、法人株主の保有割合に応じて異なっており、①保有割合3分の1超～100％は益金不算入割合100％（ただし、配当額から負債利子を控除する）、②保有割合5％超～3分の1以下は益金不算入割合50％、③保有割合5％以下は益金不算入割合20％となる（法人税法23条、同法施行令22条の2、22条の3）。

4）適切である。役員等の勤続年数が5年以下である者が支給を受ける役員退職金のうち、その役員等勤続年数に対応する退職金として支給を受けるものについては、役員退職金の額から退職所得控除額を差し引いた額を退職所得の金額とする（退職所得の計算において、2分の1を乗ずる計算の適用はない）（タックスアンサーNo.1420）。

正解　1）

3-17 M&Aに関する税務③

《問》M&Aにおける税務に関する次の記述のうち、最も不適切なものは
どれか。
1) 株式交換や株式移転においては、いわゆるみなし配当課税は生じない。
2) 退職所得については税負担の軽減措置が取られており、いかなる場合においても所得税の税率が20％を上回ることはない。
3) 組織再編において、税制適格要件を満たした場合は、簿価での資産移転が認められ、含み益に対して課税は行われない。
4) 事業譲渡は個々の資産および負債を譲渡する契約であるため、その譲渡資産が消費税法上の課税資産に該当する場合は、消費税が課される。

・解説と解答・

1) 適切である。みなし配当課税が生じるのは、個人株主が株式を発行会社に譲渡した場合（金庫株制度）である。みなし配当課税とは、個人株主が株式を発行会社に譲渡した場合に、譲渡価額と当該株式に対応する税務上の資本金および資本準備金の合計額（以下、「資本金等の額」という）との差額については、譲渡所得ではなく配当所得とみなして課税を行うことである。なお、資本金等の額と取得価額の差額については、通常の譲渡所得となる（所得税法25条1項5号、租税特別措置法37条の10第1項）。

2) 不適切である。退職所得には、税負担の軽減措置がとられているが、一定額以上になると税率が20％を超える場合もある。

3) 適切である。合併、会社分割等の組織再編の場合、税務上、含み益のある資産の移転に伴い譲渡益を認識し、課税することを原則としている。しかし、組織再編の中には、グループ内の再編や共同事業を営むための再編等、譲渡益を認識することが適当でない場合がある。そのため、一定の場合（税制適格再編）には、資産の移転が行われたとしても、当該含み益に課税しないこと、すなわち、簿価での資産移転を認めることとされている（法人税法62条の2、62条の3、62条の4）。

4) 適切である（消費税法2条1項8号、4条、同法施行令2条1項2号、4号）。

正解 2)

3-18 M&Aに関する税務④

《問》M&Aにおける税務に関する次の記述のうち、最も不適切なものは
どれか。

1）組織再編において、税制適格要件を満たした場合、移転資産の譲渡
益に対する課税が繰り延べられるなど税務上の優遇措置が受けられ
る。

2）資産調整勘定（税務上ののれん）が生じるのは一定の非適格組織再
編および事業譲渡のみであり、株式譲渡によるM&Aでは税務上の
のれんが生じることはない。

3）合併により不動産を取得した場合、当該取得に係る不動産取得税
は、非課税とされている。

4）会社の合併および分割に伴う資産の移転は、消費税法上の課税取引
に該当するが、事業譲渡に伴う資産の移転は、消費税法上の課税取
引に該当しない。

・解説と解答・

1）適切である。

2）適切である。

3）適切である（地方税法73条の7第2号）。

4）不適切である。合併および分割の場合には消費税の課税取引には該当しな
いが、事業譲渡の場合には消費税の課税取引に該当する場合がある（消費
税法2条1項8号、4条、同法施行令2条1項2号、4号）。

正解　4）

第4章

M&A関連法制等

4-1 株式会社の登記①

《問》株式会社の登記に関する次の記述のうち、最も適切なものはどれか。

1) 登記事項証明書は、その登記事項について利害関係を有する者に限り、所定の手数料を納付することにより、交付の請求をすることができる。
2) 役員に関する事項の登記において、重任とは、役員の辞任の直後に再度就任した場合を指す。
3) 株主およびその持株数は登記事項ではないが、決算日は登記事項である。
4) 発行する全部または一部の株式の内容として譲渡による当該株式の取得について、株式会社の承認を要する旨の定款の定めを設けていない株式会社を公開会社という。

・解説と解答・

1) 不適切である。登記事項証明書は、だれでも交付を請求することができる（商業登記法10条）。
2) 不適切である。重任とは、任期満了後、直ちに就任した場合を指す。
3) 不適切である。株主、その持株数および決算日はすべて登記事項ではない（会社法911条3項）。
4) 適切である（会社法2条1項5号）。なお、公開会社でない会社（非公開会社）は、会社法において定義されていないが、発行する全部の株式の内容を譲渡制限株式（会社法2条1項17号）とする定款の定めを設けている会社をいう。

正解　4)

4-2　株式会社の登記②

> 《問》株式会社・特例有限会社の登記に関する次の記述のうち、最も適切なものはどれか。
> 1）特例有限会社においては、株式会社と同様、株式の譲渡制限に関する規定の内容を自由に変更することができる。
> 2）特例有限会社を株式会社に移行した場合、「＊＊年＊月＊日○○有限会社を組織変更し、移行したことにより設立」の旨が登記される。
> 3）発行済株式の総数が、発行可能株式総数を超えることがある。
> 4）特例有限会社においては、取締役および監査役の氏名のみならず住所も登記される。

・解説と解答・

1）不適切である。株式会社と異なり、株式の譲渡制限に関する規定の内容は定められており、変更することはできない（整備法9条）。

2）不適切である。「○○有限会社を組織変更し、」ではなく、「○○有限会社を商号変更し、」である。

3）不適切である。発行済株式の総数は、発行可能株式総数を超えることはできない（会社法113条2項）。

4）適切である。役員の氏名や住所の登記に関し、株式会社においては、代表取締役は氏名および住所が、取締役と監査役は氏名が登記される（会社法911条3項13号、14号、17号）のと異なり、特例有限会社においては、代表取締役は氏名が、取締役と監査役は氏名および住所が登記される（整備法43条）。なお、特例有限会社の役員には、定款で定める場合を除き、原則としてその任期はない（整備法18条）。ただし、2024年6月3日以降、株式会社について代表取締役の住所を表示しない取扱いが認められる。

正解　4）

4－3　Ｍ＆Ａの手法比較（株式譲渡①）

《問》株式譲渡によるＭ＆Ａに関する次の記述のうち、最も不適切なもの
はどれか。
1）買手企業が株式譲渡により売手企業の議決権総数の３分の２以上の
　株式を取得すれば、株主総会の特別決議を単独で可決することがで
　きる。
2）買手企業が株式譲渡により売手企業の議決権総数の過半数の株式を
　取得すれば、株主総会の普通決議を単独で可決することができる。
3）買手企業が株式譲渡により売手企業の議決権総数の３分の１超の株
　式を取得すれば、株主総会の特別決議を単独で否決することができ
　る。
4）買手企業が株式譲渡により売手企業の議決権総数の３分の１超の株
　式を取得すれば、株主総会の普通決議を単独で否決することができ
　る。

・解説と解答・

　様式譲渡によりＭ＆Ａを実行した場合、発行済株式のすべてを取得すれば、
完全に経営権と支配権を取得することができる。また、株主総会の特別決議を
単独で可決することができる３分の２以上、普通決議を単独で可決することが
できる２分の１超、特別決議を単独で否決することができる３分の１超が、株
式を取得する割合の基準とされることが多い。
1）適切である（会社法309条2項）。
2）適切である（会社法309条1項）。
3）適切である（会社法309条2項）。
4）不適切である。株主総会の普通決議を単独で否決するためには、買手企業
　は株式譲渡により売手企業の議決権総数の過半数を取得する必要がある。

<u>正解　4）</u>

4-4　M&Aの手法比較（株式譲渡②）

《問》株式譲渡によるM&Aに関する次の記述のうち、最も不適切なもの
はどれか。
1）買手企業が株式譲渡により売手企業の議決権総数の過半数の株式を
　取得すれば、株主総会の普通決議を単独で否決することができる。
2）買手企業が株式譲渡により売手企業の経営権を取得する場合、売手
　企業が係争訴訟事件を抱えている場合、当該問題も引き継ぐことに
　なる。
3）買手企業が株式譲渡により売手企業の経営権を取得する場合、売手
　企業が税務上の問題を抱えている場合、当該問題も引き継ぐことに
　なる。
4）買手企業が売手企業の全株式を取得する場合、売手企業の従業員と
　の雇用契約は終了するため、買手企業は必要と判断した従業員との
　間で個別に雇用契約を締結する必要がある。

・解説と解答・

1）適切である（会社法309条1項）。
2）適切である。株式譲渡の場合は、売手企業の資産および負債その他の権利
　義務のすべてを引き継ぐことになるため、商圏、許認可、従業員等の有形
　および無形の資産を円滑に承継することができる。一方で、簿外債務（環
　境問題、会社保証、係争訴訟事件の有無、税務リスク等）も一緒に引き継
　ぐこととなるため、これらの存在に注意を払ったうえで、株式譲渡を実施
　すべきである。
3）適切である。
4）不適切である。株式譲渡の場合には、従業員との雇用契約も含めて売手企
　業に帰属する権利義務のいっさいを引き継ぐことになる。

正解　4）

4－5　M＆Aの手法比較（株式交換・株式移転①）

《問》株式交換・株式移転によるM＆Aに関する次の記述のうち、最も不
適切なものはどれか。
1）M＆Aにおける組織再編手法のうち、既存の会社がほかの会社の株
式の100％を保有する完全親会社となる組織再編手法のことを株式
移転といい、新設会社が完全親会社となる組織再編手法のことを株
式交換という。
2）株式交換は、原則として債権者保護の手続が必要ないなど、合併と
比較すると容易に行うことができる。
3）複数の会社が株式移転により持株会社を設立するメリットとして
は、各社の企業風土を維持したままの統合が可能であることや新規
事業の立上げが行いやすいこと等が挙げられる。
4）株式会社が株式移転を実施する場合、原則として、完全子会社とな
る会社の株主総会の特別決議の承認が必要になる。

・解説と解答・

1）不適切である。M＆Aの組織再編手法のうち、既存の会社がほかの会社の
株式の100％を保有する完全親会社となる手法のことを株式交換といい、
新設会社が完全親会社となる手法のことを株式移転という。
2）適切である。
3）適切である。その他、持株会社設立後もM＆Aによる他企業の買収やグ
ループ化がしやすいこと、傘下の各社への権限の委譲がしやすいこと等が
メリットとして挙げられる。
4）適切である（会社法309条2項12号、804条1項）。

正解　1）

4 − 6　Ｍ＆Ａの手法比較（株式交換・株式移転②）

《問》株式交換や株式移転によるＭ＆Ａに関する次の記述のうち、最も不適切なものはどれか。
1 ）株式交換と株式移転はともに、100％の親子関係の企業グループを創設するための組織再編の手法といえる。
2 ）株式交換において、完全子会社となる会社の株主に対する対価は、完全親会社となる会社の株式のみに限られており、金銭等を交付することはできない。
3 ）株式交換は、完全親会社となる会社と完全子会社となる会社との間で株式交換契約を締結し、原則として、それぞれの会社の株主総会における特別決議による承認を受けて実行される。
4 ）株式交換によれば、少数株主がいる場合でも、強制的に株式を取得できる。

・解説と解答・

1 ）適切である。
2 ）不適切である。合併等対価の柔軟化により、完全親会社の親会社株式や、金銭その他の資産を交付することができるようになった（会社法768条 1 項 2 号）。
3 ）適切である（会社法309条 2 項12号、782条 1 項 3 号、783条 1 項、795条 1 項）。
4 ）適切である。反対株主や所在不明の株主が多数いたとしても、株主の 3 分の 2 以上の賛成が得られれば、完全子会社化することができる。

正解　2 ）

4－7　M＆Aの手法比較（株式交付）

《問》株式交付によるM＆Aに関する次の記述のうち、最も適切なものは
どれか。
1）株式交付とは、単独または複数の既存の株式会社が、その発行済株
式の全部を新たに設立する株式会社に取得させ、完全親会社を設立
する手法である。
2）株式交付の効力発生日において、株式交付親会社が取得した株式交
付子会社の株式が、株式交付計画にあらかじめ定めた下限の数に満
たない場合は、株式交付の効力は発生しない。
3）株式交付を行う場合は、原則として、株式交付親会社の株主総会の
普通決議が必要となる。
4）株式交付を行う場合は、対象会社の発行済株式の全部を取得する必
要があるが、株式交換を行う場合は、対象会社の総議決権の過半数
を超える株式を取得することで足りる。

・解説と解答・

1）不適切である。本肢は、株式移転の説明である。株式交付とは、株式会社
がほかの株式会社を子会社とするために当該ほかの株式会社の株式を譲り
受け、当該株式の譲渡人に対して、その対価として当該株式会社の株式を
交付する手法である（会社法2条32の2号）。
2）適切である（会社法774条の5、774条の7、774条の10）。
3）不適切である。株式交付を行う場合は、株式交付計画を作成しなければな
らいない。株式交付親会社は、株式交付の効力発生日の前日までに、株主
総会の特別決議によって株式交付計画の承認を受けなければならない（会
社法309条2項12号、816条の3第1項）
4）不適切である。株式交換の場合は、株式交換完全親会社は、効力発生日
に、株式交換完全子会社の発行済株式の全部を取得することとなる（会社
法2条31号、769条1項）。一方、株式交付の場合は、株式交付子会社の総
株主の議決権の過半数を超える株式を取得することとなる（同法2条3
号、32の2号、同法施行規則3条3項1号）。株式交換は、対象会社を完
全子会社にする手法であるのに対し、株式交付は、対象会社を子会社にす
る手法である。

<u>正解　2）</u>

4－8　M&Aの手法比較（合併）

《問》合併によるM&Aに関する次の記述のうち、最も不適切なものはどれか。
1）合併は会社法上、「吸収合併」「新設合併」「対等合併」の3種類に分類される。
2）合併のメリットとして、同一事業を営む会社と合併した場合、経営の効率化や共有の相互作用による効果を見込むことができる点が挙げられる。
3）新設合併は、吸収合併と異なり会社設立の手続が加わることから、実際に利用されることは少ない。
4）吸収合併を行うことで、消滅する会社の権利義務のすべてを、包括的に存続する会社が承継することとなる。

・解説と解答・

1）不適切である。合併は、会社法上、「吸収合併」と「新設合併」の2種類に分類される（会社法2条27号、28号）。なお、合併の対価として、存続会社の株式以外にも存続会社の親会社の株式や金銭のみも認められる。親会社の株式を交付するスキームを三角合併といい、金銭のみ支払うスキームをキャッシュアウト・マージャーという。
2）適切である。なお、合併のデメリットとしては、企業文化融合の問題や会社の規則、組織、人事、従業員同士のあつれき等の問題、主要株主の持分比率の低下等が挙げられる。
3）適切である。
4）適切である（会社法2条27号、751条1項）。

正解　1）

4－9　M＆Aの手法比較（事業譲渡・会社分割①）

《問》事業譲渡や会社分割によるM＆Aに関する次の記述のうち、最も適
　　切なものはどれか。
 1 ）事業譲渡は、会社法上の組織再編の手法に該当するが、会社分割
　　は、会社法上の組織再編の手法には該当しない。
 2 ）新設分割における債権者保護手続は、官報に公告する方法と、知れ
　　たる債権者に個別に催告する方法のいずれかを選択することができ
　　る。
 3 ）事業譲渡は、会社が営む事業の一部をほかの会社へ移転するときに
　　行われる手法であるのに対し、会社分割は、会社が営む事業の全部
　　をほかの会社へ移転するときに行われる手法である。
 4 ）会社分割のメリットは、特定の事業だけを切り分けることができる
　　ことから、経営の効率化やシナジー効果を期待できる点である。

・解説と解答・

1 ）不適切である。事業譲渡は会社が行う取引行為の1つであり、会社分割は
　　会社法に規定される組織の再編成である（会社法757条～766条）。
2 ）不適切である。新設分割の方法によって会社が組織再編を行う場合は、原
　　則として、新設分割する旨や債権者が一定の期間内に異議を述べることが
　　できる旨等の事項を官報に公告し、かつ、知れたる債権者には個別に催告
　　しなければならない（会社法810条）。
3 ）不適切である。事業譲渡、会社分割ともに、事業の一部または全部の移転
　　を行うことができる手法である。
4 ）適切である。

<u>正解　4 ）</u>

4－10　M＆Aの手法比較（事業譲渡・会社分割②）

《問》事業譲渡や会社分割によるM＆Aに関する次の記述のうち、最も適切なものはどれか。

1）株式会社が事業の全部または重要な一部の譲渡を行う場合、原則として、株主総会の特別決議が必要となる。
2）事業譲渡により、譲渡会社から譲受会社へ法人格が承継される。
3）新設分割における債権者保護手続は、官報に公告する方法と、知れたる債権者に個別に催告する方法のいずれかを選択することができる。
4）事業譲渡は、会社が営む事業の一部をほかの会社へ移転するときに行われる手法であるのに対し、会社分割は、会社が営む事業の全部をほかの会社へ移転するときに行われる手法である。

・解説と解答・

1）適切である（会社法309条2項11号、467条1項1号、2号）。
2）不適切である。事業譲渡において、譲渡会社から譲受会社へ法人格は承継されない。
3）不適切である。新設分割の方法によって会社が組織再編を行う場合は、原則として、新設分割する旨や債権者が一定の期間内に異議を述べることができる旨等の事項を官報に公告し、かつ、知れたる債権者には個別に催告しなければならない。（会社法810条）。
4）不適切である。事業譲渡、会社分割ともに、事業の一部または全部の移転を行うことができる手法である。

正解　1）

4－11　M＆Aに関する法務（会社法等①）

《問》株券に関する次の記述のうち、最も不適切なものはどれか。
1）株券発行会社においては、株式譲渡に際しては株券の交付が必要である。
2）株式譲渡を行う際に、株券の一部を紛失している場合、不足分を新たに印刷してそれを交付すればよい。
3）株式の譲渡は原則自由とされているが、定款の定めにより譲渡制限を付すこともできる。
4）公開会社でない株券発行会社は、株主から請求があるときまで、株券を発行しないことができる。

・解説と解答・

1）適切である（会社法128条）。
2）不適切である。単純に株券を再発行したのでは、後になって紛失株券が発見された場合にトラブルになるため問題がある。対応方法としては、①株券紛失部分について株券喪失登録（会社法221条、223条）を行い、1年後に株券を再発行して株式譲渡を行う、②株券不発行会社に定款変更する（官報掲載までの期間を考慮に入れなければ、2週間で可能）の2つの方法が考えられる。
3）適切である（会社法108条1項4号）。譲渡制限株式の株主は、その有する譲渡制限株式を他人（発行株式会社を除く）に譲り渡そうとするときは、当該発行会社に対し、当該他人が当該譲渡制限株式を取得することについて承認をするか否かの決定を請求できる（同法136条）。
4）適切である（会社法215条4項）。

正解　2）

4－12　M＆Aに関する法務（会社法等②）

《問》M＆Aにおける法務に関する次の記述うち、最も不適切なものはどれか。
1）譲渡制限株式の譲渡では、株式の譲渡人が譲渡前に株式発行会社に対し、譲渡承認の請求を行うことができる。
2）譲渡制限株式の譲渡において、譲渡承認を行う機関は、取締役会設置会社の場合、原則として、株主総会である。
3）株主名簿の名義書換請求は、株式の譲渡人と譲受人が共同で行うのが原則である。
4）新代表取締役の選定は、原則として、取締役会設置会社の場合、取締役会で行われる。

・解説と解答・

1）適切である（会社法136条）。
2）不適切である。取締役会設置会社における譲渡承認機関は、原則として取締役会である。ただし、定款に別段の定めがある場合は、この限りでない（会社法139条1項）。
3）適切である（会社法133条）。
4）適切である（会社法362条3項）。

<u>正解　2）</u>

4－13　M＆Aに関する法務（独占禁止法・金融商品取引法①）

《問》独占禁止法および金融商品取引法に関する次の記述のうち、最も不適切なものはどれか。

1）独占禁止法の規制は、上場企業を当事者とする大型のM＆Aを対象とし、非上場企業同士のM＆Aは規制の対象外である。

2）インサイダー取引規制には、会社関係者が所定の重要事実を知りながら、その公表前にその会社の株式等を売買することを禁止するものが含まれ、違反者には刑事罰も科される。

3）上場企業の株式等を5％超保有することになった株主は、大量保有者となった日から5営業日以内に、大量保有報告書を内閣総理大臣に提出しなければならない。

4）組織再編行為に際して、一定の場合は、内閣総理大臣に有価証券届出書の提出が必要なケースがある。

・解説と解答・

1）不適切である。上場企業でなくとも、売上高が相応に大きな企業間での株式譲渡や事業譲渡の場合には、原則として、公正取引委員会への事前届出等が必要となる（独占禁止法10条2項、16条2項）。

2）適切である（金融商品取引法166条、175条）。

3）適切である（金融商品取引法27条の23）。

4）適切である。合併、会社分割、株式交換および株式移転（組織再編行為という）に際して、内閣総理大臣に有価証券届出書の提出が必要となる場合があるため注意が必要である。なお、非開示企業が組織再編対象企業となる場合や組織再編発行手続により新たに発行される有価証券または組織再編交付手続により交付される有価証券が既開示である場合には、有価証券届出書の提出は不要とされる（金融商品取引法4条）。

正解　1）

4－14　M＆Aに関する法務（独占禁止法・金融商品取引法②）

《問》独占禁止法に関する次の記述のうち、最も不適切なものはどれか。
1）株式を取得するに際しては、その規模にかかわらず、公正取引委員会への事前の届出は不要である。
2）事業支配力が過度に集中する場合は、独占禁止法によりM＆Aが制限されることがある。
3）非上場企業が当事者となる事業譲渡であっても、公正取引委員会に事前の届出が必要になる場合がある。
4）株式の取得について、公正取引委員会に「株式取得に関する計画届出書」を提出した会社は、届出書の受理の日から原則として30日を経過するまでは、当該届出に係る株式の取得をしてはならない。

・解説と解答・

1）不適切である。企業結合集団の国内売上高合計額200億円超の譲受企業が、譲渡企業およびその子会社の国内売上高合計額50億円超である当該譲渡企業の株式を、新たに20％または50％（株式を取得した後、株式を取得した企業とその企業結合集団とで所有することとなる当該株式発行企業の株式に係る議決権保有割合の合計による）を超えて取得するときは、公正取引委員会へ事前に届出を行う必要がある（独占禁止法10条2項、同法施行令16条）。
2）適切である。一定の取引分野における競争を実質的に制限することになる場合や不公正な取引方法による場合にも、M＆Aが制限される場合がある。
3）適切である。売上高が相応に大きな企業間での株式譲渡や事業譲渡の場合は、原則として、公正取引委員会への事前届出等が必要である（独占禁止法16条2項）。
4）適切である（独占禁止法10条8項）。

<u>正解　1）</u>

4－15　M＆Aに関する法務（独占禁止法・金融商品取引法③）

《問》金融商品取引法に関する次の記述のうち、最も不適切なものはどれか。

1）公開買付とは、金融商品取引法上、不特定かつ多数の者に対し、公告により株券等の買付け等の申込みまたは売付け等の申込みの勧誘を行い、原則として取引所金融商品市場外で株券等の買付け等を行うこととされている。

2）組織再編に伴い有価証券が発行される場合でも、有価証券届出書の提出が必要になることがある。

3）大量保有報告書を提出すべき者は、大量保有者となった際に報告書を提出すれば、その後保有割合に変動が生じても報告は不要である。

4）非上場企業が上場企業に事業を譲渡する場合、当該事業譲渡がインサイダー取引規制の重要事実となることがある。

・解説と解答・

1）適切である（金融商品取引法27条の2）。

2）適切である（金融商品取引法2条の3第2項、4項、4条）。

3）不適切である。大量保有報告書を提出すべき者は、大量保有者となった日以後、原則として、株式等の保有割合が1％以上増減した場合は、その日から5日以内に変更報告書を提出しなければならない（金融商品取引法27条の25）。

4）適切である（金融商品取引法166条2項1号ワ）。

<u>正解　3）</u>

4-16　M&Aに関する法務（労働法①）

《問》M&Aと労働者等への対応に関する次の記述のうち、最も不適切な
ものどれか。

1）救済型のM&Aでも、買手企業はその必要性のみを理由に、一方的
都合で従業員を整理解雇することはできない。

2）合併の場合、合併消滅企業の従業員の雇用契約は、法律上当然に合
併存続企業に承継される。

3）事業譲渡の場合、売手企業の従業員がいったん退職し、そのうえで
買手企業において従業員を新たに雇用するという考え方が原則とな
る。

4）会社分割に際して、従業員との協議や説明をまったく行わなかった
場合、「会社分割に伴う労働契約の承継等に関する法律」の規定に
反するが、訴訟を提起したとしても、労働契約の承継の効果自体を
争うことはできない。

・解説と解答・

1）適切である（労働契約法16条）。過去の労働判例から確立された整理解雇
を行う際の要件である「整理解雇の4要件」①人員削減の必要性、②解雇
回避の努力、③人選の合理性、④解雇手続の妥当性を総合的に考慮し、慎
重に行わなければならない。

2）適切である（会社法750条1項、754条1項）。合併後は、就業規則の変
更、雇用条件の統一等の検討が必要となる。

3）適切である。事業譲渡においては、労働契約は自動的に承継されるもので
はないため、別個に雇用契約を締結するか、雇用契約の承継について従業
員の個別の同意を得る必要がある。

4）不適切である。会社が分割に際して従業員との協議や説明をまったく行わ
なかった場合には承継の効果を争うことができる旨判示した判例（最判平
成22年7月12日）がある。

<u>正解　4）</u>

4－17　M＆Aに関する法務（労働法②）

《問》M＆Aにおける人事・労務上の留意点に関する次の記述のうち、最も不適切なものはどれか。

1）株式譲渡において、売手企業の未払残業代がクロージング後に発覚した場合、売手側の表明保証責任が問われることがある。

2）会社合併後に合併当事者の雇用条件を統一する場合、労働契約法上の就業規則の不利益変更の問題が生じないようにする必要がある。

3）会社分割を行う場合は、「会社分割に伴う労働契約の承継等に関する法律」に基づき、労働者や労働組合に対して事前に所定の事項を通知するなどの手続を行う必要がある。

4）「会社分割に伴う労働契約の承継等に関する法律」によれば、承継される事業に主として従事している労働者が、会社分割において承継対象とならない場合、異議を述べることはできない。

・解説と解答・

1）適切である。

2）適切である。

3）適切である（労働契約承継法2条）。

4）不適切である。承継される事業に主として従事する労働者は、事業の承継に伴って労働契約の承継がなされるべきなので、承継対象から外された従業員は異議を述べることができる（労働契約承継法4条）。

正解　4）

4−18 M&Aの手順の概要

《問》M&A成約までの流れに関する次の記述のうち、最も不適切なものはどれか。

1）M&Aは、成約するまでに半年以上の期間を要することが一般的であるため、たとえ提携仲介契約を締結しても、売手企業の社長にはこれまで同様、気を抜かずに経営に注力するようアドバイスする。

2）M&Aは、案件進行中に情報が漏れると、売手企業や社長に大きなダメージを与える心配もあるため、秘密保持には細心の注意を払わなければならない。したがって、M&Aが成約した後でも、秘密保持義務が課されるのが一般的である。

3）売手企業と買手企業の主要な条件交渉がまとまると、基本合意契約を締結して買収監査を実施することになる。ただし、買手企業が買収監査を実施しないことには株価等を提示できないと主張する場合は、基本合意契約を締結せずに買収監査に進むことが一般的である。

4）最終契約が締結され、M&Aが成約した後の重要な手続として、売手企業の社長の保証・担保提供の解除・変更がある。これは、買手企業の責任によって迅速に行われる必要があり、主なものとして、金融機関借入金、仕入契約およびリース契約に対する個人保証や物上保証が挙げられる。

・解説と解答・

1）適切である。

2）適切である。

3）不適切である。基本合意契約書に株価等を記載しないことは稀にあるものの、一般に、基本合意契約を締結せずに買収監査を実施することはない。

4）適切である。

正解 3）

4－19 個別相談・提携仲介契約の締結

《問》中小企業のM＆Aの手順における、初期の個別相談や提携仲介契約
等に関する次の記述のうち、最も不適切なものはどれか。

1）売手企業の経営者は一大決心をして相談していることから、初期段
階でM＆Aの実現可能性を検討せずに安易に受託し、希望だけを与
えることは避けなければならない。

2）提携仲介契約は、売手企業とコンサルタント、買手企業とコンサル
タントの間で締結するものであるが、秘密保持に関する事項やM＆
A成約には時間がかかること、成約に至るまでは従来以上に経営に
注力すべきことなどは、コンサルタントが、契約前に再確認してお
くべき事項である。

3）金融機関は、後継者不在のままでM＆Aの検討もしない中小企業の
経営者に対しては、貸付金が適切に返済されない可能性があるた
め、M＆Aを強く推奨し、貸付金を早期に回収すべきである。

4）M＆Aのコンサルタントは、売手企業について、その経営理念、業
界動向、主要な取引先の特徴などの定性的な情報について収集する
必要がある。

● 解説と解答 ●

1）適切である。

2）適切である。

3）不適切である。このような考え方は、金融機関にとっての優越的地位の濫
用と捉えかねられないため、このような発言や対応は避けるべきである。

4）適切である。

正解　3）

4 - 20　案件化

> 《問》中小企業のM＆Aの手順における、いわゆる案件化に関する次の記
> 　述のうち、最も不適切なものはどれか。
> 1) 案件化における資料収集においては、経営理念や業界動向、労働組
> 　　合の有無、係争問題など、企業の定性情報の収集も重要となる。
> 2) 案件化において、あらかじめ適切な譲渡価格の目安を出すことで、
> 　　買手企業との交渉を円滑に進める効果がある。
> 3) 案件化により、あらかじめ企業の実態を把握することで、より適切
> 　　な買手企業とのマッチングの可能性が高まる。
> 4) 精緻な案件化を行えば、買収監査（デューデリジェンス）を省略す
> 　　ることができる。

・解説と解答・

1)　適切である。
2)　適切である。
3)　適切である。
4)　不適切である。買収監査（デューデリジェンス）は、M＆Aを検討してい
　　る買手企業が自己の責任のもとで行うものであり、コンサルタントが行う
　　案件化作業とは別に行われるべきものである。

正解　4)

4-21　マッチング

《問》中小企業のM&Aの手順における、いわゆるマッチングに関する次の記述のうち、最も適切なものはどれか。

1）買手企業への初期段階での提案では、秘密保持の観点から、売手企業が特定されないよう、事業内容や地域等の限られた情報開示に留めるべきである。

2）同一の業種や業態の企業同士によるM&Aのことを垂直型M&Aという。

3）マッチングの相手先を検討する場合、M&Aのコンサルタントは、買手候補先の企業に売手企業を特定できる情報を開示することについて、売手企業の許可を得る必要はない。

4）水平型M&Aにおいては、買手企業が売手企業の既存顧客と競合関係にある場合が多いため、既存顧客を失う可能性がある。

・解説と解答・

1）適切である。

2）不適切である。同一の業種や業態の企業同士によるM&Aを、「水平型M&A」という。また、製造業が卸売業や小売業へ、逆に小売業や卸売業が製造業などへ進出するようなM&Aを、「垂直型M&A」という。

3）不適切である。特にビジネス上のつながりなどにおける秘密保持の観点から、提案すべきでない企業が含まれていないかを売手企業に確認してもらうことが必要である。

4）不適切である。既存顧客を失う可能性があるのは、垂直型M&Aである。

正解　1）

4 −22　トップミーティング・基本合意契約①

《問》中小企業のM＆Aの手順における、いわゆるトップミーティングに
　　関する次の記述のうち、最も不適切なものはどれか。
　1 ）相手の人間性と経営理念を理解することは、トップミーティングで
　　　最も重要な要素といえる。
　2 ）秘密保持の観点から、トップミーティングは当事者である企業の社
　　　内では行わず、金融機関や仲介機関、ホテルの一室などの場を借り
　　　て行うことが望ましい。
　3 ）トップミーティングにおいては、売手企業と買手企業が直接売買価
　　　格の交渉を行えるようサポートし、早目に最終契約の条件を詰めて
　　　いけるような交渉の場としなければならない。
　4 ）一般に、売手企業と買手企業の両経営者によるトップミーティング
　　　を経て基本合意契約を締結した後に、買手企業は、売手企業の財務
　　　内容等を精査する買収監査（デューデリジェンス）を行う。

・解説と解答・

1 ）適切である。
2 ）適切である。秘密保持の観点から、参加人数にも注意を払う必要がある。
3 ）不適切である。トップミーティングは最終契約の条件を詰めていく段階で
　　はない。特に売買価格については、当事者の立場により希望価格が異なる
　　ため、コンサルタントが両者の間に入り、最終的に両者が合意する適正な
　　価格に調整することが求められる。
4 ）適切である。

正解　3 ）

4－23　トップミーティング・基本合意契約②

《問》中小企業のM＆Aの手順における、基本合意契約に関する次の記述のうち、最も不適切なものはどれか。

1）基本合意契約を締結すると、通常は買手企業に一定期間独占交渉権が付与され、売手企業はその期間はほかの買手候補の企業と自由に交渉することができなくなる。

2）基本合意契約は、M＆Aを進めるための合意であり、売買を成立させることを約束するものである。

3）基本合意契約の締結にあたっては、買手企業が上場企業の場合、案件の規模と基本合意契約の内容次第では、買手企業に対し、経営に重要な影響を及ぼす事項に関しての適時開示が義務付けられている点について留意する必要がある。

4）一般に、基本合意契約を締結した後は、売手企業の財務内容を精査する買収監査（デューデリジェンス）の機会が、買手企業に与えられる。

● 解説と解答 ●

1）適切である。

2）不適切である。基本合意契約はあくまでもM＆Aを前向きに進める旨の合意であり、必ずしも売買を成立させることを約束するものではない。

3）適切である。開示が行われると、新聞やテレビ等でM＆Aに関する情報が報道されるため、売手企業の従業員や取引先にM＆Aの事実が知れ渡る可能性がある。したがって、売手企業内部での幹部への根回しや、重要取引先や金融機関への対応を事前に行っておかなければ、M＆Aが破談になったり、その後の経営に影響を与えるおそれがある。

4）適切である。

正解　2）

4－24　買収監査（デューデリジェンス）

《問》中小企業のM＆Aの手順における、買収監査（デューデリジェン
　ス）に関する次の記述のうち、最も不適切なものはどれか。
　1）買収監査は、買手企業が買収を実行すべきかどうかの最終判断をす
　　るために実施するものであるので、売手企業側のコンサルタントが
　　監査人として買収監査を実施することはできない。
　2）買収監査は、売手企業の社長にとっては初めての経験であることが
　　多く、監査対応には相応の精神的かつ肉体的負担が生じることか
　　ら、コンサルタントとしては、その負担を緩和するために十分な事
　　前準備への支援や監査当日における売手企業の社長のメンタルケア
　　など細部への気配りが必要といえる。
　3）買収監査は、売手企業の従業員に知られないよう売手企業の休業日
　　に実施したり、売手企業の社内ではなく近隣の会議室やホテルを借
　　りて行うなど、配慮して行わなければならない。
　4）買収監査は、財務リスクおよび税務リスクについて限定して行う。

・解説と解答・

　1）適切である。買収監査は、買手企業が依頼した公認会計士等が行うこと
　　が一般的である。なお、買手企業側のコンサルタントは買収監査を行うこと
　　ができるが、売手企業側のコンサルタントは、利益相反等の観点から、買
　　収監査を行うことはできない。
　2）適切である。
　3）適切である。
　4）不適切である。これまでの中小企業のM＆Aにおいては、財務リスクおよ
　　び税務リスクに限定した調査が多かったが、近年は法務リスクや環境リス
　　ク、労務リスク等が問題となる場合も多く、法務、環境、労務等も踏ま
　　え、M＆A後のリスクを最小限に抑えるために実施されるべきである。

正解　4）

4 −25 最終契約

《問》中小企業のM＆Aの手順における、最終契約等に関する次の記述の
うち、最も不適切なものはどれか。
1）最終契約書は、表明保証条項や損害賠償条項など重要な内容が盛り
込まれていることから、調印日までの期間を踏まえ、なるべく余裕
をもって早目に売手企業および買手企業に草案を提示し、十分な説
明および内容の確認をしなければならない。
2）最終契約の締結および代金決済後においては、経営権移転前の状態
に原状回復することが困難であるため、通常は契約解除を行うこと
はない。
3）最終契約書に調印する印鑑は実印でなくとも効力は発生するが、実
務上は実印を捺印し、印鑑証明書を添付するのが望ましい。
4）最終契約書に盛り込むことができなかった条項について、覚書や確
認書として作成することはできない。

・解説と解答・

1）適切である。
2）適切である。
3）適切である。
4）不適切である。最終契約書以外に、何らかの覚書が必要な場合があれば作
成する。

正解　4）

4 −26　アフターM & A等

《問》中小企業のM & Aに関する次の記述のうち、最も不適切なものはどれか。

1 ）売手企業の従業員へのM & A実行に関する説明会（ディスクローズ）は、できる限り従業員が動揺しないよう売手企業だけで実施することが望ましく、買手企業は説明会には出席すべきではない。

2 ）主要な取引先へのM & Aの開示は、その後も取引が円滑に継続するよう、M & Aの理由や目的を明確に伝えなければならない。

3 ）M & A実行後、スムーズな引継ぎができるよう、挨拶状や名刺の準備、取引先等への挨拶回りの段取り、業務引継ぎの範囲と内容の確認、従業員との面談など、事前にスケジュールを練り上げておく必要がある。

4 ）M & A実行後の売手企業の社長の引継ぎについては、その期間中の役職や報酬、引継ぎの期間などを最終契約と同時に買手企業と合意し、顧問契約等で明確にしておくことが望ましい。

・解説と解答・

1 ）不適切である。売手企業の従業員に対して、買手企業である新経営者のビジョン等を明確に伝える必要があり、今後を見据え慎重に行う必要がある。

2 ）適切である。

3 ）適切である。

4 ）適切である。

正解　1 ）

第 5 章

事業承継・M&Aコンサルティング（総合問題）

5－1　相続人の範囲と順位・相続分①

〈設例〉親族関係図

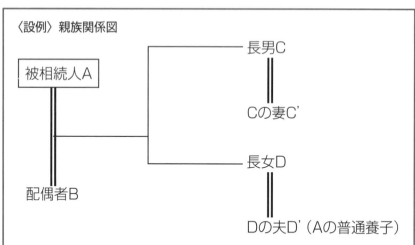

《問1》親族関係図における被相続人Aの法定相続人として、最も適切
　　　な組合せはどれか。
1）配偶者B
2）配偶者B、長男C、長女D
3）配偶者B、長男C、長女D、Dの夫D'
4）配偶者B、長男C、Cの妻C'、長女D、Dの夫D'

《問2》民法における相続人等に関する次の記述のうち、適切なものを
　　　すべて選びなさい。
1）相続を放棄しようとする者は、その旨を家庭裁判所に申し出る必要
　　がある。
2）相続人が被相続人の配偶者、長男、長女および二男の合計4人であ
　　る場合、長男、長女および二男の法定相続分は、それぞれ6分の1
　　である。
3）欠格事由に該当した者の直系卑属には、代襲相続権は認められな
　　い。
4）被相続人が遺言によって指定した相続分である指定相続分と民法で
　　定められた法定相続分では、法定相続分が優先して適用される。

・解説と解答・

《問1》

遺言などによって相続人が決まっている場合以外は、民法により法定相続人が定められている。被相続人の配偶者は常に相続人となるが、配偶者以外の相続人については「子→直系尊属→兄弟姉妹」の順で相続順位が定められている（民法900条）。本問ではB、C、Dが該当し、原則として子の配偶者は含まれない。ただし、本設例においてDの夫D'はAの普通養子であり、被相続人Aの嫡出子の身分を取得するため、法定相続人となる。

正解　3）

《問2》

1）適切である（民法938条）。

2）適切である。本肢の場合、配偶者の法定相続分は2分の1、長男、長女および二男の法定相続分は、各6分の1である（民法900条）。

3）不適切である。欠格事由に該当した者の直系卑属には、代襲相続権が認められる（民法887条、891条）。

4）不適切である。指定相続分と法定相続分では指定相続分が優先して適用される。（民法902条）

正解　1）、2）

5－2　相続人の範囲と順位・相続分②

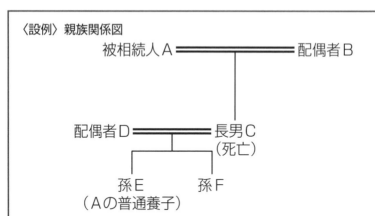

〈設例〉親族関係図

《問1》親族関係図における被相続人Aの法定相続人として、最も適切な組合せはどれか。

1）配偶者B

2）配偶者B、孫E

3）配偶者B、孫E、孫F

4）配偶者B、配偶者D、孫E、孫F

《問2》民法における相続人等に関する次の記述のうち、最も適切な組み合わせはどれか。

（a）被相続人の妻の父母および祖父母は、被相続人の直系尊属ではないため法定相続人になることはできない。

（b）養子の子が養子縁組前に生まれている場合、当該縁組を通じて養親と養子の子の間に親族関係が生じ代襲相続人となる。

（c）相続の放棄は代襲相続の原因とはならず、放棄した者と同順位の相続人がいる場合はほかの相続人の相続分が増加する。

（d）嫡出子と非嫡出子の相続分は異なり、後者は前者の2分の1とされる。

1）aとb

2）aとc

3）bとd

　4）　cとd

・解説と解答・

《問1》

　遺言などによって相続人が決まっている場合以外は、民法により法定相続人が定められている。被相続人の配偶者は常に相続人となるが、配偶者以外の相続人については「子→直系尊属→兄弟姉妹」の順で相続順位が定められている（民法900条）。本問では配偶者Bおよび長男Cの代襲相続人である孫Eおよび孫Fが該当し、配偶者Dは含まれない（同法887条2項、889条、890条）。

　なお、孫Eは被相続人Aの普通養子でもあるため、孫Eは代襲相続人としての相続分と普通養子としての相続分の両方を取得することとなる（戸籍先例昭26.9.18民甲1881号回答）。そのため、法定相続分は配偶者が2分の1となり、残りの2分の1を、まず長男Cの代襲相続分と普通養子分で4分の1ずつに分け（ここで普通養子である孫Eに4分の1が分けられる）、次に長男Cの代襲相続分として分けられた4分の1を孫Eと孫Fで8分の1ずつ分ける。その結果、孫Eの相続分は、4分の1と8分の1の合計で8分の3となる（民法900条1号、4号、901条）。

正解　3）

《問2》

（a）適切である（民法900条）。

（b）不適切である。養子の子が養子縁組前に生まれている場合は、養子縁組時点において養親との間に親族関係は生じないため、代襲相続人となることはできない。

（c）適切である。相続人の死亡、欠格もしくは廃除により相続権を失ったときは、その者の子が代襲相続をすることができるが、相続人が相続の放棄をしたときは、その者の子は代襲相続をすることはできない（民法887条2項）。

（d）不適切である。2013年の民法改正により、非嫡出子の相続分は嫡出子の2分の1とする規定は廃止された。

正解　2）

138

5－3　相続税額の計算および申告と納付

〈設例〉2024年5月、非上場企業である甲社の社長C（95歳）が病死し、相続が開始した。Cの家族構成は、妻（90歳）、長女（62歳）および長男（60歳）である。

《問1》設例におけるCの法定相続人として、適切なものをすべて選びなさい。
1）妻
2）長女
3）長男

《問2》設例における遺産に係る基礎控除額として、最も適切なものはどれか。
1）3,000万円
2）4,200万円
3）4,500万円
4）4,800万円

《問3》設例における課税価格の合計額は、4億3,200万円であった。長男の法定相続分に応じた取得金額として、最も適切なものはどれか。
1）　　9,600万円
2）1億　800万円
3）1億9,200万円
4）2億1,600万円

・解説と解答・

《問1》
妻、長女および長男、全員が法定相続人に該当する（民法900条）。

正解　1）、2）、3）

《問2》
「遺産に係る基礎控除額＝3,000万円＋600万円×法定相続人の数」により算出

する（相続税法15条）。したがって、本問の場合、遺産に係る基礎控除額は以下のとおりである。

3,000万円＋600万円×3人＝4,800万円

正解　4）

《問3》

課税価格の合計額から遺産に係る基礎控除額を控除した後、長男の法定相続分である4分の1を乗じた額が、長男の法定相続分に応じた取得金額となる。したがって、本問の場合、長男の法定相続分に応じた取得金額は以下のとおりである。

$$（4億3,200万円－4,800万円）×\frac{1}{4}＝9,600万円$$

正解　1）

5-4　贈与税額の計算および申告と納付

〈設例〉Z（70歳）は、相続対策のひとつとして、家族に対する資産の生前贈与を検討している。Zの家族構成は妻（67歳）および息子（25歳）である。Zは贈与について知人のN税理士に相談することにした。以下は、ZとN税理士の会話の一部である。

【会話】

Z：生前に資産の一部を贈与することを考えています。概要を教えていただけますでしょうか。

N税理士：贈与に対する課税の方法は、暦年課税と（　イ　）の2つがあります。ここでは暦年課税について見ていきましょう。暦年課税における贈与税は、1月1日から12月31日の1年間に贈与を受けた財産の額から基礎控除額である110万円を差し引いた残りの額に対して課されます。

《問1》贈与について、N税理士がZに対して説明した設例の会話の空欄（　イ　）にあてはまる語句として、最も適切なものはどれか。

1）申告分離課税
2）相続時精算課税
3）総合課税
4）累進課税

《問2》Zが息子に対して暦年課税により2,000万円の現金を生前贈与した場合、贈与税の額として最も適切な数値はどれか（贈与税の速算表に基づき計算すること）。

1）5,855,000円
2）6,350,000円
3）6,845,000円
4）6,950,000円

・解説と解答・

《問1》

贈与に対する課税の方法は、暦年課税と相続時精算課税の2つがある。

正解　2）

《問2》

（2,000万円－110万円）×45％－265万円＝585.5万円。

財産の贈与を受けた年の1月1日において18歳以上の子や孫が、父母または祖父母（直系尊属）から贈与を受けた場合は、特例贈与財産として贈与税を計算する。したがって、息子は25歳なので特例税率が適用される（相続税法21条の5、21条の7、租税特別措置法70条の2の4、70条の2の5）。

正解　1）

〈贈与税の速算表（一部抜粋）〉

基礎控除後の課税価格		特例贈与財産		一般贈与財産	
		税率	控除額	税率	控除額
万円超	万円以下				
300 ～	400	15％	10万円	20％	25万円
400 ～	600	20％	30万円	30％	65万円
600 ～	1,000	30％	90万円	40％	125万円
1,000 ～	1,500	40％	190万円	45％	175万円
1,500 ～	3,000	45％	265万円	50％	250万円

5－5　財産の大半が自社株と事業用資産で占められているケース

〈設例〉Q株式会社（非上場会社、以下、「Q社」という）の状況は、以下のとおりである。

① Q社の創業者A（75歳）には、長女B（45歳）と長男C（42歳）の2人の子がおり、Aの妻は、すでに死亡している。

② Bの夫D（48歳）は、Bとの結婚を機にQ社へ入社し、現在、Q社の社長である。なお、Dは、Aの普通養子となっている。

③ Aは、Dに社長の地位を譲った後、Q社の経営には携わっていないが、Q社株式のすべてを保有している。また、Q社は順調に業績を伸ばしている。

④ Cは定職に就いておらず、Aに対して、たびたび生活資金援助の要請をしている。

⑤ Aは、全財産を生前またはAの死後にDに与えたいと思っているが、D以外の相続人に対する遺留分が気になっている。

《問1》 Aの相続に関する次の記述のうち、適切なものをすべて選びなさい。

1 ）相続の開始前に遺留分を放棄するためには、個別に意思表示をすることで足りる。

2 ）遺留分を算定するため財産の価額が12億円で、相続人がB、C、Dの3人である場合、遺留分の額は、それぞれ2億円である。

3 ）遺留分侵害問題の解決策の1つとして、「遺留分に関する民法の特例」を活用することが考えられる。

4 ）Dが相続時精算課税を適用して生前贈与を受けたQ社株式が民法上の特別受益に該当する場合、Q社株式の遺留分算定の基礎となる価額は、相続開始時の価額となる。

《問2》次の文章の空欄（　イ　）にあてはまる数値として、最も適切なものはどれか。

　遺留分侵害額の請求権は、相続の開始および遺留分を侵害する贈与または遺贈があったことを知ったときから（　イ　）年間行使しない場合は、時効により消滅する。

```
1 ）　1
2 ）　3
3 ）　5
4 ）　7
```

・解説と解答・

《問 1 》
1 ）　不適切である。相続の開始前に遺留分を放棄するためには、家庭裁判所の許可を受けなければならない（民法1049条）。
2 ）　適切である。本肢の場合は、 2 分の 1 に各相続人の法定相続分を乗じた割合が遺留分割合となる。したがって、各相続人の遺留分の額は、次のとおりである（民法1042条）。

$$12億円 \times \frac{1}{2} \times \frac{1}{3} = 2億円$$

3 ）　適切である。中小企業の事業承継において、経営者としては、自社株の分散を避けるため、遺言や生前贈与によって後継者に集中的に財産を渡したいところであるが、相続人が複数人いる場合は、ほかの相続人の遺留分を侵害する可能性がある。そこで、「遺留分に関する民法の特例」を活用することで、後継者が生前贈与等によって取得した自社株について、遺留分を算定するための財産から除外すること（除外合意）や遺留分に算入する自社株の価額を、合意時点の価額とすること（固定合意）ができる。

　　本設例において、Ａは、Ｑ社株式のすべてを保有しているため、本特例を活用することで、ほかの相続人の遺留分に配慮しながら自社株の分散を防ぐ対策をすることができる。
4 ）　適切である（民法903条、904条、1044条 2 項）。

正解　 2 ）、 3 ）、 4 ）

《問 2 》
　遺留分侵害額の請求権は、相続の開始および遺留分を侵害する贈与または遺贈があったことを知ったときから（イ　 1 ）年間行使しない場合は、時効により消滅する（民法1048条）。

正解　 1 ）

5－6　多額の納税資金が見込まれるケース

〈設例〉P株式会社（非上場会社、以下、「P社」という）の状況は、以下のとおりである。

① P社の創業者は、現社長のJ（70歳）であり、JはP社株式のすべてを保有している。

② P社株式には、譲渡制限が付されている。

③ Jの配偶者はすでに死亡しており、家族は長女K（45歳）のみ。Kの配偶者L（45歳）は、Jの普通養子となっており、後継者としてP社の専務取締役を務めている。

④ P社の業績は順調に推移しており、財務内容も良好であるため、Jの相続発生時には、相続税の納税資金不足が懸念される。

《問1》 Jの相続税に関する記述のうち、最も不適切なものはどれか。

1）相続税法上、遺産に係る基礎控除額の計算において、法定相続人の数に含めることができる養子の数は、被相続人に実子がいるときは1人まで、実子がいないときは2人までとされている。

2）仮にJが死亡した場合、相続税の納付に際し、一定株式数までであれば、P社株式を現状のままで物納することができる。

3）相続税の納税資金対策として、「非上場株式等についての相続税の納税猶予及び免除の特例（特例措置）」を適用する場合、LはJの相続開始の日の翌日から5カ月を経過する日において、P社の代表権を有していなければならない。

4）相続税の納税資金を準備する方法として、後継者Lの役員給与を引き上げること、Jの死亡時に死亡退職金を支給することなどが考えられる。

《問2》円滑な事業承継を目的に、Jは「非上場株式等についての贈与税の納税猶予及び免除の特例（特例措置）」（以下、「本特例」という）を活用してLにP社株式を承継することを検討している。次の記述のうち、適切なものをすべて選びなさい。

1）本特例の適用を受けるに当たり、Jは、P社の代表者であったことが必要である。

　2）本特例の適用を受けるに当たり、Jは、贈与日現在で60歳以上であ
　　ることが必要である。
　3）本特例の適用を受けるに当たり、Jは、P社株式の贈与直前におい
　　て、J本人および一定の親族等で総議決権数の50％超を保有し、か
　　つ、後継者Lを除いたこれらの者の中で最も多くの議決権数を有し
　　ていたことが必要である。
　4）本特例の適用を受けるに当たり、Lは、P社の役員等に就任して3
　　年以上経過している必要がある。

・解説と解答・

《問1》
　1）適切である（相続税法15条2項）。
　2）不適切である。譲渡制限株式は、管理処分不適格財産とされているため物
　　納に充てることはできない（タックスアンサーNo.4214）。したがって、P
　　社株式は、現状のままでは物納の対象とすることはできない。
　3）適切である。
　4）適切である。Lの将来の納税資金の準備として、あらかじめ役員給与を引
　　き上げておくことや、死亡退職金を支給することで、納税に充てるための
　　現金を相続させるといった対策を検討する必要がある。

正解　2）

《問2》
　1）適切である。
　2）不適切である。本特例の適用要件に、先代経営者の年齢に関するものは含
　　まれていない。
　3）適切である。
　4）適切である。

正解　1）、3）、4）

5－7　後継者が不在のケース

〈設例〉X株式会社（非上場会社、以下、「X社」という）の状況は、以下の通りである。

① X社の社長A（65歳）には、長男B（39歳）と二男C（34歳）の2人の子がおり、Aの妻はすでに死亡している。なお、AはX社株式のすべてを保有している。

② B、CともにX社の事業を承継する意思がまったくない。

③ X社は、業界でもその技術が認められており、優良な中小企業である。

④ X社の従業員は、X社の後継者が決まらない場合、X社はどうなるのか、不安を感じている。

《問1》 X社の事業承継等に関する次の記述のうち、最も不適切なものはどれか。

1) M&Aにより会社の経営を第三者に承継することは、後継者難や事業の先行きについて不安等を抱えるX社における事業承継の一手法として考えることができる。

2) X社を解散する場合は、株主総会の特別決議をもって解散することができ、債務を弁済し残余財産を株主に返還する清算手続を行うこととなる。

3) X社が解散する場合、X社に解散による課税所得がある場合は法人税等が課されるが、Aに返還された残余財産がある場合でも、所得税等が課されることはない。

4) 事業を継続する場合は、X社内に事業を承継する人材がいるかを検討し、X社内に適切な人材がいない場合は、金融機関や取引先などの外部から人材を招へいすることも検討に値する。

《問2》 後継者不在の中小企業の事業承継手法として、M&Aを活用することが増加している。M&Aの手法に関する次の記述のうち、適切なものをすべて選びなさい。

1) 株式譲渡によるM&Aを実行した場合、簿外債務を引き継ぐリスクが存在する点に留意が必要である。

2）事業譲渡によるM＆Aを実行した場合、許認可等は引き継ぐことができる。

3）会社分割によるM＆Aを実行した場合、従業員は特段の手続無しに分割承継会社に引き継がれる。

4）吸収合併によるM＆Aを実行し、その対価が株式である場合は、合併存続会社の主要株主の持分比率が低下する点に留意が必要である。

・解説と解答・

《問1》

1）適切である。

2）適切である（会社法309条2項11号、471条3号）。

3）不適切である。株主に返還された残余財産がある場合は配当所得が生じる可能性があり、その際には所得税等の課税対象となる（所得税法25条1項4号）。

4）適切である。

正解　3）

《問2》

1）適切である。

2）不適切である。事業譲渡を行った場合、許認可等は引き継げないことが一般的である。

3）不適切である。会社分割の場合は、分割承継会社のほか、分割会社も事業を存続することとなるため、労働契約の引継ぎが問題になりやすい。したがって、会社分割の場合は、従業員の労働契約の引継ぎには、労働契約承継法に基づく手続が必要である。

4）適切である。

正解　1）、4）

5－8　遺言が作成されていないケース

〈設例〉X株式会社（非上場会社、以下、「X社」という）の状況は、以下の通りである。
① X社の社長A（73歳）には、長女B（48歳）と長男C（45歳）の2人の子がおり、Aの妻はすでに死亡している。なお、AはX社株式のすべてを保有している。
② BはX社の経理部長を務めており、Cは営業部長を務めている。
③ Aは、B、Cのどちらを後継者とするか決めかねており、遺言書も作成していない。

《問1》X社の事業承継等に関する次の記述のうち、適切なものをすべて選びなさい。
1）後継者の候補としてB、Cの2人がいるため、Aの発言力や決定権があるうちに、だれを後継者とし、自社株等の相続財産をどのように承継させるかを明確にすることが重要である。
2）公正証書遺言は、公証人が作成に関与する遺言であり、所定の費用負担が生じることや、原則として、遺言書の作成に立ち会う2人以上の証人とともに公証役場に出向いて作成する必要があるなど手間がかかるが、公証人が作成に関与するため、紛失や偽造、変造等の危険がなく、相続紛争の防止のために有効な手段と考えられている。
3）Aが遺言書を作成せずに死亡した場合、X社株式はB、Cの共有財産となるが、遺産分割協議が調う前にX社株式の議決権を行使するためには、B、Cのうちの1人が代表者として家庭裁判所に届け出なければならない。

《問2》次の文章の空欄（　イ　）にあてはまる語句として、最も適切なものはどれか。
自筆証書遺言は一人で作成でき、手軽で自由度が高い。その反面、自宅などで保管すると、遺言書が紛失・改ざん・破棄・隠匿されたり、遺言書の方式不備で無効となったり、遺言書の存在が知られないまま遺産分割されたりするおそれがある。

　そこで、法務局で自筆証書遺言による遺言書を保管する制度が2020年
7月10日に創設された。法務局で保管されることにより上記の問題点は
解消される。さらに、法務局で保管された遺言書は家庭裁判所の（　イ
　）が不要となる。

1）検認
2）確認
3）検査
4）申述

・解説と解答・

《問1》
1）適切である。
2）適切である（民法969条）。
3）不適切である。相続開始と同時に法定相続分に応じた共同相続人の準共有
　状態となるため、遺産分割協議が調うまで議決権行使に支障が生じる。

正解　1）、2）

《問2》
　検認とは、遺言書が法定の条件を満たしているか確認するための家庭裁判所
による証拠保全手続である。自筆証書遺言や秘密証書遺言の場合、遺言者が亡
くなったときに、遺言書の保管者や発見した相続人は、これを家庭裁判所に提
出し、検認の手続を受けなければならない（民法1004条）。
　なお、2020年7月10日以降、遺言書保管所に保管されている遺言書について
は、検認の手続は不要とされた（遺言書保管法11条）。

正解　1）

5－9　後を継げない息子が残される場合のＭ＆Ａにおける注意点

〈設例〉 Ａ社は創業40年、年商5億円、従業員10人の堅実経営で有名な資材商社である。創業者兼社長のＢ（75歳）は、取締役兼営業部長である息子に事業を承継しようと長年かけて取り組んできたが、息子の資質では経営を任せるのは難しいと判断し、第三者に株式を譲ろうと決めた。かねてから親交のある取引金融機関の営業担当者を通じて事業承継問題やＭ＆Ａに詳しいＸと面談をすることになった。なお、Ａ社株式は、Ｂ社長が60％、息子が40％を有している。以下はＢ社長とＸの会話の一部である。

Ｘ　　　：取締役兼営業部長である息子さんに貴社の経営を任せるのは難しいとのことですが、息子さんは社内ではどのような役割を担われているのですか？

Ｂ社長　：息子ということもあって、取締役に任命し、役員報酬として一般の従業員給与よりも高い報酬を支払ってはいますが、実際には特定顧客の営業しかしていないのが現状です。本人は会社を継ぐつもりがあるとはいっていますが、正直なところ難しいと思います。先日、第三者に株式を譲渡することについて息子に相談したところ、同意はしていたものの快くは思っていないようでした。

Ｘ　　　：そうですか。しかし、取締役兼営業部長である息子さんが納得しないまま第三者が貴社を譲り受けた場合、息子さんには（　①　）のおそれがあります。その場合、貴社の取引先を欲っする譲受企業からすると損失を被ることになりかねません。このような場合は、株式譲渡契約の内容に（　②　）を定めることを検討しましょう。

《問１》空欄（　①　）および（　②　）にあてはまる語句として、最
　　　　も適切な組み合わせはどれか。
1）①独立（転職）　　②秘密保持義務
2）①整理解雇　　　　②競業避止義務
3）①異動　　　　　　②秘密保持義務
4）①独立（転職）　　②競業避止義務

《問２》Ｘは、Ｂ社長に対して現状のＡ社の事業承継問題について説明
　　　　した。ＸがＢ社長に対して説明した次の記述のうち、適切なも
　　　　のをすべて選びなさい。
1）Ａ社株式譲渡後、息子さんが取締役を退任して従業員となった場
　　合、役員退職金規定が定められていれば、息子さんは役員退職金を
　　受け取ることができます。また、役員退任後に息子さんが受け取る
　　従業員としての給与は、役員報酬と同水準を維持することができま
　　す。
2）息子さんが保有するＡ社株式については、譲渡が確定した後に、Ｂ
　　社長が簿価で買い戻してください。そうすることで、時価で買い取
　　るよりも税務上のリスクは低くなると考えられます。
3）息子さんがＡ社株式の譲渡に反対した場合、Ｂ社長が有する60％の
　　Ａ社株式のみを譲渡することも考えられますが、３分の１以上の株
　　式を譲受企業以外が持つということは、株主総会の特別決議要件を
　　満たすことができず、譲受企業が懸念する可能性があります。
4）売手である個人株主に競業避止義務を課す場合は、業種や期間、地
　　域等を限定し、職業選択の自由を制約することのないよう考慮しな
　　ければなりません。

・解説と解答・

《問１》

1）不適切である。②について、秘密保持義務は、Ｍ＆Ａの関係者がＭ＆Ａに
　係る情報を外部に漏らすことのないようＭ＆Ａ相談の当初に締結するもの
　であり、株式譲渡契約時に定めるものではない。また、秘密保持義務を定
　めるだけでは、取引先の流出を防ぐことの解決策にはならない。なお、①
　については息子の意思でなされうるものであるため、「おそれがある」と

いう文脈に沿っている。

2）不適切である。①について、息子は従業員ではなく取締役であるため、整理解雇は文脈にそぐわない。②については肢4）の解説参照。

3）不適切である。②について、肢1）の解説参照。なお、①については、異動は息子の意思のみでなされるものではないため、「おそれがある」という文脈にそぐわない。

4）適切である。②について、譲渡企業の事業についてのノウハウや人脈を持っている取締役が、株式譲渡後に独立して競業事業を行うことは、譲受企業の利益を害することになりかねない。このような場合、株式譲渡契約の内容に「競業避止義務」を定めることが一般的である。ただし、個人に競業避止義務を課す場合は、憲法に定める職業選択の自由を制約することになるため、企業の利益（企業秘密の保護）と個人の不利益（転職、再就職の不自由）等を考慮し、合理的な範囲で定める必要がある。なお、①については、肢1）の解説参照。　　　　　　　　　　　正解　4）

《問2》

1）不適切である。役員退職金を受け取った後に従業員となったにもかかわらず、役員退任前の報酬額を維持することは、税務上のリスクが残る。

2）不適切である。個人間での株式譲渡については、通常は相続税法上の株価が適用される。そのため、株式の譲渡対価（本肢では簿価）が著しく低い価額の場合は、譲渡対価と時価（相続税法上の株価）との差額に相当する金額を、譲渡人である個人から贈与により取得したものとみなされ、贈与税の課税対象となる可能性がある（相続税法7条）。なお、相続税法上の株価とは、財産評価基本通達178以降に示す価額をいう。

3）適切である。M＆Aにより株式を取得する場合は、株主総会の特別決議を単独で可決することができる3分の2以上、普通決議を単独で可決することができる2分の1超や特別決議で拒否権を行使することができる3分の1超が（会社法309条1項、2項）、譲受企業における株式の取得割合の1つの基準とされることが多く、できる限り多くの株式取得が望まれる。

4）適切である。売手である個人株主に対し、長期間かつ広範囲の競業避止義務を課すことは、憲法に定める職業選択の自由を制約することになるため無効とされている。したがって、売手である個人株主に対して競業避止義務を課す場合は、企業の利益（企業秘密の保護）と個人の不利益（転職、再就職の不自由）等を考慮し、期間や地域等を限定して定める必要がある。　　　　　　　　　　　正解　3）、4）

5－10　後継者不在で清算を準備してきた会社の企業価値評価

〈設例〉A社は、地方で建設業を営む創業60年の老舗企業である。創業者の長男である現社長Yには子がおらず、いずれは廃業するほかに道はないと考えていた。顧問の公認会計士に、近い将来廃業することを考えている旨を伝えたところ、第三者への承継も考えられるという提案を受け、具体的に話を聞くことにした。顧問会計事務所に事業承継や第三者承継に詳しいK氏を呼び、具体的に自分の会社が譲渡できるとしたらどの程度の金額になるのかを尋ねた。

A社の財務内容の概略
・P／L（3期平均）

　売上高　　　　　1,000百万円

　経常利益　　　　　90百万円　（同規模同業種に比べ高水準）

　役員報酬　　　　　20百万円　（業界標準並み）

　減価償却費　　　　10百万円　（同規模同業種に比べ低水準）

・B／S

　時価純資産　　　1,000百万円

　※1　従業員1人当たりの収益力は、同規模同業種に比べ高水準である。これは、同社の人員構成において、多くのベテラン社員が活躍していることが要因の1つである。一方で、新卒および中途採用は数年間行っていない。そのため、第三者への承継後は、採用コストの発生が見込まれる。

　※2　金融機関からの借入はない。

　なお、中小企業のM＆Aにおける企業価値評価の方法として、実務上は「時価純資産額＋営業権」による評価が用いられる。この評価方法によれば、A社の企業価値は、1,000〜1,300百万円程度と試算された。しかし、K氏によるY社長への詳細なヒヤリングにより、さらに実態に近いA社の企業価値が算定された。

《問》 K氏によれば、Y社長へのヒヤリングによりA社の高い収益性について一定の根拠を得ることができた。次の文章a～cの空欄①～③にあてはまる語句として、最も適切な組み合わせはどれか。

a　A社は、同業他社に比べて減価償却費が低く収益性が高い。これは、設備投資を（　①　）ためであり、現在は老朽化が進んでいる。

b　以上の点は高収益の理由であると同時に、営業権の評価上は（　②　）とすべき項目と考えられる。

c　買手企業が調査を行い、これらの項目をすべて把握したとすると、売買価額は（　③　）程度になるであろうと予想した。

1）①積極化している　②プラス　　③1,300～1,600百万円
2）①抑えている　　　②プラス　　③1,300～1,600百万円
3）①積極化している　②マイナス　③700～1,000百万円
4）①抑えている　　　②マイナス　③700～1,000百万円

・解説と解答・

（　①　）…抑えている

古い設備を使い続けるなどして減価償却費を抑えることができれば、利益を出すことができる。

（　②　）…マイナス

買手企業側からすれば、先代経営者が会社を清算する可能性があることから抑えていた設備投資や人材採用コストなどがあると判明している場合、あらかじめ買収費用に織り込む必要があり、企業価値のマイナス要因といえる。

（　③　）…700～1,000百万円

aおよびbの内容は、時価純資産法では表面化しない項目であり、マイナス要因であることを加味すれば、当初試算したA社の企業価値よりも売買価額は下回ると考えられる。

正解　4）

5 －11　株式会社の機関設計

〈設例〉Ｘ株式会社（非上場会社、以下、「Ｘ社」という）の株主構成は、代表取締役社長であるＡ（68歳）が50株、取締役である妻Ｂ（64歳）が30株、同じく取締役である長男Ｃ（42歳）が20株である。Ｘ社株式は甲種種類株式（普通株式）と乙種種類株式（議決権制限株式）の２種類があり、乙種種類株式にのみ譲渡制限が付されている。また、Ｘ社はかつて株券発行会社であったが、株券不発行会社に定款変更する旨の株主総会決議を行っている。ただし、その旨の登記は未了である。

　　Ｘ社には、株主総会と取締役会があり、事業承継を目的としたＭ＆Ａの方針をめぐってＡ、Ｂ、Ｃの３人は長年対立関係にある。この状況下で、Ｍ＆ＡアドバイザーであるＭが、Ｘ社の事業承継型Ｍ＆ＡについてＡより相談を受け、Ａに対して助言を行った。

《問１》Ｘ社の機関設計を表したものとして、最も適切なものはどれか。
1）公開会社ではなく株券不発行会社
2）公開会社で株券不発行会社
3）公開会社ではなく株券発行会社
4）公開会社で株券発行会社

《問２》Ｍは、Ａに対して、設例の状況下において、Ｘ社でとり得る組織および機関設計について説明した。この説明に関する次の記述のうち、適切なものをすべて選びなさい。
1）種類株式の存在は登記されないので、そのままにしておいても事業承継上は特に影響はありません。
2）株券不発行の決議がなされても、登記をしていない以上は株券発行会社のままとなります。
3）会社法上、１株でも譲渡制限が付されていない株式があれば公開会社となります。
4）株券不発行会社になれば株券が失効するので、株券不発行の決議までに株式を善意取得した第三者の権利を奪うことができます。

156

・ 解説と解答 ・

《問1》
　その発行する全部または一部の株式の内容として、譲渡による当該株式の取得について株式会社の承認を要する旨の定款の定めを設けていない株式会社を公開会社という（会社法2条5号）。また、その発行する全部の株式の内容として、譲渡制限を付しており、譲渡による当該株式の取得について株式会社の承認を要する旨の定款の定めを設けている株式会社を、公開会社でない会社、非公開会社または閉鎖会社などという。

正解　2）

《問2》
1）不適切である。種類株式発行会社は、発行可能種類株式総数および種類株式の内容を登記をしなければならない（会社法911条3項7号）。
2）不適切である。株券の発行または不発行の区別は登記事項であるが、登記は単なる公示に過ぎない（会社法911条3項10号）。
3）適切である（会社法2条5号）。
4）不適切である。株券不発行会社となっても、すでに株主となっている者の権利は奪われない。

正解　3）

5 -12 M＆Aに関する税務①

〈設例〉非上場企業A社の創業者・オーナー株主（株式の所有割合100%）
かつ代表取締役社長であるKは、後継者問題の解消とA社のさら
なる発展を目的として、65歳を迎えるタイミングでM＆Aによる
事業承継を決断した。現在、K社長は有力承継候補であるB社と
の最終契約を前に条件調整を行っている。スキームは株式譲渡
で、K社長は本件M＆A実行と同時に代表取締役を退任すること
になっている。なお、A社には役員退職金規程があり、退職金支
給額は功績倍率法により算出する旨の定めが置かれている。本件
M＆A実行にあたり、K社長は顧問税理士と相談のうえ、功績倍
率法による役員退職金の試算ならびに株価に係る検討を行うこと
とした。当該試算を行うに当たっての前提となる数値は下記のと
おりである。なお、計算は百万円単位で行い、計算において百万
円未満の端数が生じたときは、計算の都度、千円以下を切り捨て
るものとする。

・役員退職金考慮前のA社株式総額 ：400百万円
・A社資本金 ： 3百万円
・直近事業年度におけるK社長の年間役員報酬 ：6.5百万円
・K社長の退任直前の役員報酬月額 ：0.5百万円
・A社株式の譲渡に係るM＆A仲介会社の仲介手数料： 30百万円
　〈功績倍率法によるK社長の役員退職金〉
　　（ ① ）百万円×役員就任年数20年×規程による功績倍率3.0
　　＝（ ② ）百万円

《問1》 K社長が受け取る役員退職金を功績倍率法により算出した計算
　　　　式の空欄（ ① ）にあてはまる数値として、最も適切なもの
　　　　はどれか。
1） 0.5
2） 0.54
3） 3
4） 6.5

《問2》K社長が受け取る役員退職金を功績倍率法により算出した計算式の空欄（　②　）にあてはまる数値として、最も適切なものはどれか。

1）　30
2）　32.4
3）180
4）390

《問3》功績倍率法により算出したK社長の役員退職金を引当金として加味した後の、A社の株式総額として最も適切なものはどれか。なお、本問において、役員退職金の税効果は加味しないものとする。

1）　10　百万円
2）220　百万円
3）367.6百万円
4）370　百万円

● 解説と解答 ●

《問1〜問2》

功績倍率法による役員退職金の計算式は下記のとおりである。

「最終役員報酬月額×役員在任年数×功績倍率」

設例より、最終役員報酬月額を①0.5百万円として計算すると、K社長の役員退職金は②30百万円となる。

（①0.5）百万円×20年×3.0＝（②30）百万円

<u>正解《問1》1）、《問2》1）</u>

《問3》

役員退職金考慮前のA社株式総額は400百万円であることから、上記役員退職金を引き当てることで400百万円−30百万円＝370百万円となる。

<u>正解　4）</u>

5－13　M＆Aに関する税務②

〈設例〉非上場企業A社の創業者・オーナー株主（株式の所有割合100％）かつ代表取締役社長であるKは、後継者問題の解消とA社のさらなる発展を目的として、65歳を迎えるタイミングでM＆Aによる事業承継を決断した。現在、K社長は有力承継候補であるB社との最終契約を前に条件調整を行っている。スキームは株式譲渡で、K社長は本件M＆A実行と同時に代表取締役を退任することになっている。なお、A社には役員退職金規程があり、退職金支給額は功績倍率法により算出する旨の定めが置かれている。本件M＆A実行にあたり、K社長は顧問税理士と相談のうえ、功績倍率法による役員退職金の試算を行うこととした。当該試算に当たっての前提となる数値は下記のとおりである。なお、計算は百万円単位で行い、計算において百万円未満の端数が生じたときは、計算の都度、千円以下を切り捨てるものとする。

・役員退職金考慮前のA社株式総額　　　　　　　：580百万円
・A社資本金　　　　　　　　　　　　　　　　　：　1百万円
・直近事業年度におけるK社長の年間役員報酬　　：　7百万円
・K社長の退任直前の役員報酬月額　　　　　　　：0.6百万円
・A社株式の譲渡に係るM＆A仲介会社の仲介手数料：　20百万円
　〈功績倍率法によるK社長の役員退職金〉
　　（　①　）百万円×役員就任年数20年×規程による功績倍率3.0
　　＝（　②　）百万円

《問1》 K社長が受け取る役員退職金を功績倍率法により算出した計算式の空欄（　①　）にあてはまる数値として、最も適切なものはどれか。

1）0.58
2）0.6
3）1
4）7

《問2》K社長が受け取る役員退職金を功績倍率法により算出した計算
　　　式の空欄（　②　）にあてはまる数値として、最も適切なもの
　　　はどれか。
1）　34.8
2）　36
3）　60
4）　420

《問3》役員退職金等に関する次の記述のうち、適切なものをすべて選
　　　びなさい。
1）功績倍率法による役員退職金の一般的な算定法における功績倍率
　は、実務上は代表取締役であれば3.0程度まで、平取締役であれば
　2.0程度までとされる。
2）法人税法上、過大な役員退職金であったとしても、所得税法上は退
　職金全額を退職収入として退職所得を計算するのが原則である。
3）役員勤続年数が5年以下の役員が役員退職金を受け取った場合は、
　退職所得金額の計算は「退職金受取額－退職所得控除額」となる。

解説と解答

《問1～問2》
功績倍率法による役員退職金の計算式は下記のとおりである。
「最終役員報酬月額×役員在任年数×功績倍率」
設例より、最終役員報酬月額を①0.6百万円として計算すると、K社長の役員
退職金は②36百万円となる。
（①0.6）百万円×20年×3.0＝（②36）百万円

正解　《問1》2）、《問2》2）

《問3》
1）適切である。
2）適切である。
3）適切である。役員等勤続年数が5年以下の者が受け取る当該役員等勤続年
　数に対応する退職金については、2013年分以後は、退職金の額から退職所
　得控除額を差し引いた額が退職所得の金額とされた（退職所得の金額の計
　算上、2分の1計算の適用がなくなった）（タックスアンサーNo.1420）。

正解　1）、2）、3）

5 - 14　バリュエーション①

〈設例〉甲社（非上場企業）の株主であり代表取締役社長である I は、Ｍ
　　　＆ＡコンサルタントであるＵに自社の譲渡について相談をしてい
　　　る。以下は、Ｕと I 社長との会話の一部である。

Ｕ　　　：貴社（甲社）の株式価値について、マーケット・アプローチ
　　　　　による評価結果をお伝えします。
I 社長　：はい、前回の打ち合わせで「株式価値」、「企業価値」、「事業
　　　　　価値」の違いを丁寧にご説明いただき、マーケット・アプ
　　　　　ローチの評価手法についても、先日のお話で理解できている
　　　　　つもりですので早速結論からお願いします。
Ｕ　　　：貴社（甲社）の財務内容は以下のとおりです。今回、類似上
　　　　　場企業を選定することができましたので、その値を用いて倍
　　　　　率法（マルチプル）にて評価を行いました。
I 社長　：類似上場企業の倍率（EV/EBITDA）はどれくらいでしょう
　　　　　か？
Ｕ　　　：類似上場企業のEBITDAは□□□百万円、EV（事業価値）が
　　　　　□□□百万円となりますので、倍率（EV/EBITDA）は
　　　　　□□□となります。なお、「現預金」はすべて余剰資産として
　　　　　みなしております。
I 社長　：なるほど、ではその倍率を用いた場合、当社の価値はいくら
　　　　　になりますか？
Ｕ　　　：はい、貴社（甲社）のEBITDAは□□□百万円ですので、EV
　　　　　（事業価値）は□□□百万円と算定されます。したがって、株
　　　　　式価値は（　①　）百万円、企業価値は（　②　）百万円と
　　　　　算定されます。
I 社長　：ありがとうございます。

（単位：百万円）

	甲社	類似上場企業
売上高	1,000	100,000
営業利益	150	13,000
税引後利益	30	3,000
減価償却費	50	2,000
現預金	20	20,000
有利子負債	300	30,000
簿価純資産	150	20,000
時価総額（株式価値）	—	50,000

※本問は実務と比べて簡略化している部分があるが、上記以外の条件は考慮せず回答すること。また、問題の性質上、明らかにできない部分は「□□□」で示してある。

《問1》バリエーション用語に関する次の記述のうち、適切なものをすべて選びなさい。

1）事業価値とは、事業から創出される価値である。

2）企業価値とは、事業価値に加えて、事業以外の非事業用資産の価値も含めた企業全体の価値である。

3）株式価値とは、評価時点の株式の時価を基準とし、有利子負債等の他人資本を差し引いた株式の評価額である。

《問2》上記会話の空欄（　①　）にあてはまる数値として、最も適切なものはどれか。

1）500

2）520

3）600

4）620

《問3》上記会話の空欄（　②　）にあてはまる数値として、最も適切なものはどれか。

1）680

2）700

3）750
4）820

・解説と解答・

本問は、マーケット・アプローチにおける倍率法の考え方ならびに、事業価値、企業価値、株式価値の関係性の理解を問うバリュエーションが論点となっている。

・用語等解説

EBITDA：Earnings Before Interest, Taxes, Depreciation and Amortization の略。利払い前・税引前・減価償却前利益のこと。営業利益に減価償却費を加えて簡易的に計算することもできる。

事業価値：事業から創出される価値である。EV（Enterprise Value）と表現される。

企業価値：事業価値に加えて、事業以外の非事業用資産の価値も含めた企業全体の価値である。

株式価値：企業価値から有利子負債等の他人資本を差し引いた株主に帰属する価値である。

正解《問1》1）、2）

【類似上場企業】
・EBITDA ：13,000（営業利益）＋2,000（減価償却費）＝15,000
・EV ：50,000（時価総額）＋30,000（有利子負債）－20,000（現預金）＝60,000
・EV/EBITDA ：60,000÷15,000＝4.0（類似上場企業の倍率）

【甲社】
・EBITDA ：150（営業利益）＋50（減価償却費）＝200
・EV ：200×4.0（類似上場企業の倍率）＝800
・株式価値 ：800（EV）＋20（現預金）－300（有利子負債）＝520 …①
・企業価値 ：800（EV）＋20（現預金）＝820 …②

正解 《問2》2）、《問3》4）

5－15　バリュエーション②

〈設例〉乙社（非上場企業）の株主であり代表取締役社長であるOは、M＆AコンサルタントであるKに自社の譲渡について相談をしている。以下は、KとO社長との会話の一部である。

K　　　：貴社（乙社）の株式価値について、マーケット・アプローチによる評価結果をお伝えします。

O社長　：はい、マーケット・アプローチの評価手法については、先日のお話で理解できているつもりですので早速結論からお願いします。

K　　　：貴社（乙社）の財務内容は以下のとおりです。今回、類似上場企業を選定することができましたので、その値を用いて倍率法（マルチプル）にて評価を行いました。

O社長　：類似上場企業の倍率（EV/EBITDA）はどれくらいでしょうか？

K　　　：類似上場企業のEBITDAは□□□百万円、EV（事業価値）が（　①　）百万円となりますので、倍率（EV/EBITDA）は（　②　）となります。なお、「現預金」はすべて余剰資産としてみなしております。

O社長　：なるほど、ではその倍率を用いた場合、当社の価値はいくらになりますか？

K　　　：はい、貴社（乙社）のEBITDAは□□□百万円ですので、EV（事業価値）は□□□百万円と算定されます。したがって、株式価値は（　③　）百万円、企業価値は（　④　）百万円と算定されます。

O社長　：ありがとうございます。前回の打ち合わせで「株式価値」、「企業価値」、「事業価値」の違いを丁寧にご説明いただいていたので、今のお話がスムーズに理解できました。

（単位：百万円）

	乙社	類似上場企業
売上高	2,000	200,000
営業利益	300	14,000
税引後利益	70	5,000
減価償却費	100	1,000
現預金	200	30,000
有利子負債	300	40,000
簿価純資産	400	30,000
時価総額（株式価値）	―	80,000

※本問は実務と比べて簡略化している部分があるが、上記以外の条件は考慮せず回答すること。また、問題の性質上、明らかにできない部分は「□□□」で示してある。

《問1》上記会話の空欄（　①　）にあてはまる数値として、最も適切なものはどれか。
1）60,000
2）70,000
3）80,000
4）90,000

《問2》上記会話の空欄（　②　）にあてはまる数値として、最も適切なものはどれか。
1）4.0
2）5.0
3）6.0
4）7.0

《問3》上記会話の空欄（　③　）にあてはまる数値として、最も適切なものはどれか。
1）2,300
2）2,400
3）2,500
4）2,600

《問4》上記会話の空欄（　④　）にあてはまる数値として、最も適切
　なものはどれか。
1）2,300
2）2,400
3）2,500
4）2,600

● 解説と解答 ●

【類似上場企業】
・EBITDA　　　：14,000（営業利益）＋1,000（減価償却費）＝15,000
・EV　　　　　：80,000（時価総額）＋40,000（有利子負債）－30,000（現
　　　　　　　　預金）＝90,000 …①
・EV/EBITDA　：90,000÷15,000＝6.0（類似上場企業の倍率）…②
【乙社】
・EBITDA　　　：300（営業利益）＋100（減価償却費）＝400
・EV　　　　　：400×6.0（類似上場企業の倍率）＝2,400
・株式価値　　　：2,400（EV）＋200（現預金）－300（有利子負債）＝2,300
　　　　　　　　…③
・企業価値　　　：2,400（EV）＋200（現預金）＝2,600 …④
　　　　　正解　《問1》4）、《問2》3）、《問3》1）、《問4》4）

5－16　M＆Aに関する契約①

〈設例〉X社のA社長は、X社の発行済全株式をY社に譲渡することを検討している。A社長は、M＆Aのために締結する契約について、M＆AコンサルタントであるMに聞いてみることにした。以下は、MとA社長との会話の一部である。

A社長　：買収監査も完了し、いよいよ最終契約で定める条件についての交渉が進んできている。ところで、この最終契約は、買収監査前に締結した基本合意契約とどのように違うのだろうか。

M　　　：基本合意契約は、主要条件を定めるものですが、最終契約では、基本合意契約よりもさらに詳細な条件を定めることになります。

　　　　　また、基本合意契約はあくまでもM＆Aを前向きに進める旨の合意であって、必ず売買を成立させることを約束するものではありません。したがって、秘密保持義務や独占交渉権の定めには（　①　）をもたせても、買収監査前の価額による売買に関する条項には（　①　）をもたせないことが一般的です。一方で、最終契約は、当事者で合意した最終条件を定めるものですので、すべての条項に（　①　）があることが一般的です。

A社長　：最終契約では、価額を含めて合意した内容に縛られるということだね。

《問1》MがA社長に対して説明した設例の会話の空欄（　①　）にあてはまる語句として、最も適切なものはどれか。
1）排他的交渉権
2）法的拘束力
3）排他的拘束力
4）表明保証

《問2》Mは、A社長に対して、設例の下線部にある最終契約と基本合意契約について説明した。Mが、A社長に対して説明した次の記述のうち、適切なものをすべて選びなさい。

1）最終契約においてクロージング条件として定めた事項が成就しない場合、このM＆Aを実行することはできない。

2）基本合意契約で秘密保持義務について定めた場合でも、最終契約で基本合意契約が失効することを定める場合、改めて秘密保持義務を定めることが一般的である。

3）最終契約に含まれる条項としては、一般に、表明および保証、クロージング条件、解除および損害賠償に関する条項が挙げられる。

4）基本合意契約を締結すると、通常は買手側に2～6カ月程度の独占交渉期間が付与される。

● 解説と解答 ●

《問1》

基本合意契約では、秘密保持義務や独占交渉権については法的拘束力をもたせるが、買収監査によって変わる可能性がある売買に関する条項等については、法的拘束力をもたせないことが一般的である。

正解　2）

《問2》

1）不適切である。クロージング条件が成就しない場合でも、当事者が任意にクロージング条件を放棄することによってM＆Aを実行できる場合がある。

2）適切である。

3）適切である。

4）適切である。売手と買手がお互いに真摯にM＆Aを協議するための期間を独占交渉期間という。2～6カ月程度の期間が通常であり、一般に、6カ月を超えると、双方の事情も変わり、売手を過度に拘束することになるためふさわしくない。

正解　2）、3）、4）

5－17　M＆Aに関する契約②

〈設例〉X社の株主兼社長であるAは、X社の全株式をY社に承継させる
　　　　ことを検討している。以下は、M＆Aのために締結した基本合意
　　　　契約に関するA社長とM＆AコンサルタントであるMの会話の一
　　　　部である。

A社長　：Y社からはよい条件を提示してもらい、基本合意契約を締結
　　　　　することができた。
　　　　　　ただ、ほかの取引先にこの譲渡価額の内容を提示したら
　　　　　もっとよい条件を提案してくれるところもあるかもしれない
　　　　　がどうだろう。
M　　　：社長、それはいけません。以前もお話したとおり、基本合意
　　　　　契約には、売手から買手に対する独占交渉権の付与や、買手
　　　　　との交渉内容を含めた（　①　）が定められていますので、
　　　　　そのようなことをすると契約違反になってしまいます。
A社長　：最終契約と異なり、基本合意契約の価額に関する定めについ
　　　　　ては法的拘束力はないと聞いていたが。
M　　　：確かに、基本合意契約において、譲渡価額に関する定めには
　　　　　法的拘束力を付さないことが一般的ですが、独占交渉権や
　　　　　（　①　）の付与の定めについては一般に法的拘束力が付され
　　　　　るため、違反すると買手から損害賠償請求を受ける恐れがあ
　　　　　ります。

《問1》MがA社長に対して説明した設例の会話の（　①　）にあては
　　　　まる語句として、最も適切なものはどれか。
1）表明保証
2）解除権
3）撤回禁止力
4）秘密保持義務

《問2》Mは、A社長に対して、基本合意契約と最終契約について説明
　　　　した。Mが、A社長に対して説明した次の記述のうち、適切な
　　　　ものをすべて選びなさい。

1）最終契約においては、基本合意契約と異なり、契約中の条文すべてが法的拘束力を有することが一般的です。

2）最終契約において、株主本人に代わって代理人が署名または記名および押印する場合には、契約当事者の記載欄に代理人の氏名に加え株主本人の氏名も記載する必要があります。

3）最終契約においてクロージング条件として定めた事項が成就しない場合でも、当事者が任意にクロージング条件を放棄することによってM&Aを実行できる場合があります。

4）最終契約書である株式譲渡契約書は課税文書であり、印紙の貼付が必要です。

・解説と解答・

《問1》

正解　4）

《問2》

1）適切である。

2）適切である。

3）適切である。

4）不適切である。株式譲渡契約書は課税文書ではなく、印紙の貼付は不要である。ただし、株式譲渡契約書の内容に印紙税の課税対象となる株式譲渡以外の合意が含まれる場合は、印紙税の課税対象となる場合があり注意が必要である。

正解　1）、2）、3）

2024年度　金融業務能力検定・サステナビリティ検定

等級	試験種目		受験予約開始日	配信開始日（通年実施）	受験手数料（税込）
IV	金融業務4級　実務コース		受付中	配信中	4,400 円
III	金融業務3級　預金コース		受付中	配信中	5,500 円
	金融業務3級　融資コース		受付中	配信中	5,500 円
	金融業務3級　法務コース		受付中	配信中	5,500 円
	金融業務3級　財務コース		受付中	配信中	5,500 円
	金融業務3級　税務コース		受付中	配信中	5,500 円
	金融業務3級　事業性評価コース		受付中	配信中	5,500 円
	金融業務3級　事業承継・M＆Aコース		受付中	配信中	5,500 円
	金融業務3級　リース取引コース		受付中	配信中	5,500 円
	金融業務3級　DX（デジタルトランスフォーメーション）コース		受付中	配信中	5,500 円
	金融業務3級　シニアライフ・相続コース		受付中	配信中	5,500 円
	金融業務3級　個人型DC（iDeCo）コース		受付中	配信中	5,500 円
	金融業務3級　シニア対応銀行実務コース		受付中	配信中	5,500 円
	金融業務3級　顧客本位の業務運営コース		受付中	配信中	5,500 円
II	金融業務2級　預金コース		受付中	配信中	7,700 円
	金融業務2級　融資コース		受付中	配信中	7,700 円
	金融業務2級　法務コース		受付中	配信中	7,700 円
	金融業務2級　財務コース		受付中	配信中	7,700 円
	金融業務2級　税務コース		受付中	配信中	7,700 円
	金融業務2級　事業再生コース		受付中	配信中	11,000 円
	金融業務2級　事業承継・M＆Aコース		受付中	配信中	7,700 円
	金融業務2級　資産承継コース		受付中	配信中	7,700 円
	金融業務2級　ポートフォリオ・コンサルティングコース		受付中	配信中	7,700 円
	DCプランナー2級		受付中	配信中	7,700 円
I	DCプランナー1級（※）	A分野（年金・退職給付制度等）	受付中	配信中	5,500 円
		B分野（確定拠出年金制度）	受付中	配信中	5,500 円
		C分野（老後資産形成マネジメント）	受付中	配信中	5,500 円
―	コンプライアンス・オフィサー・銀行コース		受付中	配信中	5,500 円
	コンプライアンス・オフィサー・生命保険コース		受付中	配信中	5,500 円
	個人情報保護オフィサー・銀行コース		受付中	配信中	5,500 円
	個人情報保護オフィサー・生命保険コース		受付中	配信中	5,500 円
	マイナンバー保護オフィサー		受付中	配信中	5,500 円
	AML／CFTスタンダードコース		受付中	配信中	5,500 円
	SDGs・ESGベーシック		受付中	配信中	4,400 円
	サステナビリティ・オフィサー		受付中	配信中	6,050 円

※　DCプランナー1級は、A分野・B分野・C分野の3つの試験すべてに合格した時点で、DCプランナー1級の合格者となります。

2024年度版
金融業務２級　事業承継・Ｍ＆Ａコース試験問題集

2024年６月６日　第１刷発行

編　者　一般社団法人金融財政事情研究会

検定センター

発行者　　　　　　　　　　加藤　一浩

〒160-8519　東京都新宿区南元町19
発　行　所　一般社団法人 金融財政事情研究会
販 売 受 付　TEL 03(3358)2891　FAX 03(3358)0037
URL https://www.kinzai.jp/

**本書の内容に関するお問合せは、書籍名およびご連絡先を明記のうえ、FAXで
お願いいたします。**　　　　　　　　お問合せ先　FAX 03(3359)3343
本書に訂正等がある場合には、下記ウェブサイトに掲載いたします。
https://www.kinzai.jp/seigo/

ISBN978-4-322-14531-1